Was ist das Schwerste von allem?
Was dir das Leichteste dünket:
Mit den Augen zu sehn,
was vor den Augen dir liegt.

(Goethe)

Franz Haverkamp

Analysen – Symbole

Inspirationen im Tagebuch eines Aufsässigen

6101

Unbewusst im Dialog mit dem
Unbewussten und der
Geistigen Welt

Bibliografische Information der Deutschen Nationalbibliothek:
Die Deutsche Nationalbibliothek verzeichnet
die-se Publikation in der Deutschen
Nationalbiblio-grafie; detaillierte bibliografische
Daten sind im Internet über http://dnb.dnb.de
abrufbar.

Verlag: BoD · Books on Demand GmbH, In de
Tarpen 42, 22848 Norderstedt, bod@bod.de

Druck: Libri Plureos GmbH, Friedensallee 273,
22763 Hamburg

ISBN: 978-3-7693-9357-6

Für

meine Kinder und alle,
die auf der Suche sind nach dem Sinn
ihres Lebens

In

Liebe zu Gott und seiner Schöpfung
und mit Dank an alle, die an der
Entstehung und Bearbeitung
der vorliegenden Texte
beteiligt waren

Inhalt

Vorwort

Berichte über geistige Welten und ihre Verbindungen zu uns gibt es seit Jahrtausenden. Doch die Beschäftigung mit ihnen fällt dem wissenschaftsgläubigen Menschen in der heutigen Zeit sehr schwer. Aufgrund moderner Forschungsergebnisse glaubt er, die Existenz eines materieunabhängigen Geistes anzuzweifeln bzw. negieren zu dürfen, obwohl das Wissen um das Wesen der Materie mit ihren inneren und äußeren Grenzbereichen sowie die Kenntnis der Psyche einschließlich des Unbewussten noch fehlen. Damit wird die allgegenwärtige Kommunikation der Geistigen Welt mit uns bzw. mit unserem Unbewussten außer Acht gelassen, und als Folge davon wird auch nicht hinterfragt, aus welchen geistigen Bereichen unsere Gedanken und unsere daraus resultierenden Entscheidungen kommen.

Wie nachteilig diese Entwicklung für uns Menschen ist, wird in der Buchreihe „Analysen – Symbole, Inspirationen im Tagebuch eines Aufsässigen" dargestellt. Über Inspirationen, die ich von 1957 bis 1966 empfing, aber als solche nicht erkannte, wird

- das Wesen der Inspiration erklärt und damit auf die Existenz von geistigen Welten einschließlich der möglichen Verbindung zu ihnen hingewiesen
- die Anwendung der Traumsymbolsprache, die mir damals noch völlig fremd war, demonstriert
- auf die verhängnisvollen Auswirkungen des Materialismus aufmerksam gemacht
- und im Rahmen einer Psychoanalyse mein eigenes Fehlverhalten und ein solches in unserer Gesellschaft aufgezeigt.
- Schließlich werden sehr wichtige Fragen im Zusammenhang mit unserem Dasein, unserem Zusammenleben und mit dem Ausleben unserer Sexualität diskutiert
- und aus den Texten geht auch hervor, dass unsere Hinwendung zum Himmel, vor allem in Zeiten seelischer Not, nicht unbeantwortet bleibt.

Zum Zeitpunkt der hier vorliegenden Tagebucheintragungen hatte ich infolge meiner damaligen Wissenschaftsgläubigkeit meinen Glauben an Gott und an die Existenz einer geistigen Welt weitgehend verloren. Ich empfand mich nur noch als ein reagierendes Wesen, das seinem Tod und der damit verbundenen Auflösung seiner Existenz entgegenlebte. Dieses bedrückte mich sehr.

Gedanken, die auf Reaktionsabläufen im Gehirn beruhten, mochte ich nicht. Dennoch verspürte ich ein starkes Drängen in mir, zu schreiben. Ich kaufte mir ein Tagebuch. Wenn ich dann nach dem üblichen Eintrag von alltäglichen Geschehnissen mich schriftlich mit einem Problem auseinandersetzen wollte, wusste ich wegen meiner negativen Einstellung der Gedankentätigkeit gegenüber meist nicht, wie ich beginnen sollte. Ich war bereit, Worte zusammenhanglos aneinanderzufügen, um ein reflexhaftes Denken zu durchbrechen und dadurch zu neuen Vorstellungsinhalten zu kommen. Meist saß ich eine Zeit lang gedankenlos vor meinem Tagebuch und wartete auf einen Einfall, der sich dann auch bald einstellte, und zwar mit einem anschließenden Wortfluss, der eine gewisse Zeit andauerte und dann plötzlich wieder abbrach. Wort für Wort dieses Wortflusses schrieb ich ins Tagebuch, ohne zu verstehen, was ich schrieb. Es war oft chaotisch und ähnelte einer schizophrenen Ausdrucksweise. Aber hinterher war ich erleichtert und hatte ein deutliches Gefühl der Zufriedenheit. 1966, mit meinem Eintritt ins Berufsleben, beendete ich meine Tagebucheintragungen. Die Tagebücher bewahrte ich sorgfältig auf. In den 1990er Jahren dachte ich wiederholt daran, sie zu verbrennen, um nach meinem Tod bei meinen

Kindern kein schlechtes bzw. falsches Bild von ihrem Vater zu hinterlassen.

Etwa 40 Jahre später, zu Beginn meines Ruhestandes, fiel mir bei einer Durchsicht der Tagebücher auf, dass die Texte stellenweise einen Dialogcharakter besaßen. Ich wurde neugierig und fand bei der Übertragung der Texte in den Computer schließlich heraus, dass es sich bei ihnen zumeist um verschlüsselte Dialoge mit meinem Unbewussten und mit der Geistigen Welt handelte, wobei ich, und zwar in der Zeit von 1957 bis 1966, ohne dass ich mir dessen bewusst war, als Schreibmedium, als eine lebendige Schreibmaschine fungierte. Die mir übermittelten Texte waren verschlüsselt, und zwar mit Hilfe von

- Traumsymbolen (die ich damals noch nicht kannte)
- Synonymen
- mir oft nicht geläufigen Wortbedeutungen
- Redewendungen bzw. Redensarten
- Wortumstellungen im Satz und Satzfragmenten
- stichwortartigen Hinweisen und
- vereinzelten Wortneuschöpfungen.

Die für die Entschlüsselung der Tagebuchtexte notwendigen Traumsymbole fand ich zumeist in einem Traumlexikon, das zum Zeitpunkt der Tagebucheintragungen noch gar nicht existierte. Ich selbst beschäftigte mich mit der Traumsymbolsprache nach meiner Erinnerung erst 20 bis 30 Jahre später. Die in den Text passenden Synonyme stammen überwiegend aus dem Synonym-Wörterbuch des Duden. Nicht selten musste ich aber ihretwegen im Internet recherchieren. Bezüglich der mir nicht geläufigen Wortbedeutungen wurde ich zumeist im Wörterbuch der deutschen Sprache von Bertelsmann (Wö. d. dt. Spr. v. Be.) fündig. Letzteres wurde erst 2004 gedruckt.

Zu erwähnen ist noch, dass von der mit mir kommunizierenden Geistigen Welt mein Umgang mit den Tagebuchtexten, der zeitliche Ablauf ihrer Identifizierung, die Schwierigkeit ihrer Interpretation und ihre anschließende Veröffentlichung vorausgesagt wurden. Dieses und viele andere in den Texten gemachte und eingetroffene zeitliche Vorhersagen

- beweisen in Verbindung mit den oben angeführten Fakten unwiderlegbar die Existenz eines materieunabhängigen Geistes.

Die in den Tagebüchern von mir selbst – bewusst oder unbewusst – vorgebrachte Kritik ist sehr oft ungerechtfertigt. Sie erinnert an das Verhalten eines kleinen Kindes, das aufgrund seiner Unwissenheit noch ungezogen und aufsässig ist und seiner Umgebung manch einen körperlichen und seelischen Schmerz zugefügt. Ich bitte deswegen meine Leser um Nachsicht bei der Lektüre, zumal die hier vorliegenden Texte, die meinerseits nicht für eine Veröffentlichung bestimmt waren, sozusagen unverändert aus meinen Tagebüchern übertragen wurden.

Die im Buch vorliegenden Tagebuchtexte werden an erster Stelle, abgesehen von geringfügigen Korrekturen, im Original wiedergegeben. An zweiter Stelle folgt ihre Differenzierung bzw. Aufgliederung und an dritter Stelle ihre Deutung. Bei der Aufgliederung wird unterschieden zwischen meinen wachbewussten Äußerungen und solchen meines Unbewussten und der Geistigen Welt. Die Texte wurden von mir viele Male überarbeitet. Trotzdem ist es möglich, dass einzelne Textstellen von mir noch nicht richtig verstanden bzw. gedeutet wurden und einer späteren Korrektur bedürfen.

Abschließend bedanke ich mich bei allen, die mir bei der Bearbeitung und Veröffentlichung meiner Tagebücher geholfen haben.

Anmerkung: Der Autorenname „Franz Haverkamp" ist ein Pseudonym. Er wurde gewählt wegen seiner symbolischen Beziehung zu bestimmten Textstellen im Tagebuch.

Tagebuchtexte
Januar 1961
original, bearbeitet und gedeutet

1. Januar 1961

Sie wird gebracht, Ahnung hat niemand. Eine kahle Haut. Werden oder nicht sein. Ein komplizierter Mechanismus. Kräfte, die im Verborgenen wirken. Zu Hause hat man gesagt, heute wird Regen in das Land ziehen und alles verschönern. Was gibt es da zu verschönern. Sie wussten nichts Neues. Das Alter muss erlebt werden. Es produziert wie die Jugend seinen eigenen Stil. Den, der zuletzt kommt, hat die Sonne beschienen, und den, der zuerst kommt. Eine neue Plastik: Ihr fehlt das fromme Wort, sie flucht in den Tag wie ein wilder Bauer. Lösung der Problematik ist die Erhörung des Zurückgestellten. Ob es wahr ist. Sie flüstern, ein Geist sei gekommen. Der habe den musischen Mantel zur Schau getragen. Dabei soll er gegrinst haben. Glauben Sie das nur nicht. Es wird mehr gelogen in der Welt als gekauft. Oder – in einer anderen Fassung: Schlecht geölt ist gut gefahren. Sie empfingen ihn in der Finsternis ihrer Seelen, nahmen ihn und zeigten ihm ihre Wohnungen mit den alten Nummern. Auch durch die Straßen ihrer Stadt, im Geschrei der Kleinen, führten sie ihn und wiesen feierlich auf das Denkmal, das nun schon seit Jahrzehnten Mittelpunkt des Stadtgeschehens war. Eigentlich, es liegt im Geschmack oder an der Gutmütigkeit der ordentlichen Geister, hätte man am Denkmal verhalten sollen. Doch alle zog es in die kühle Nähe des ehrwürdigen Domes. Es war ein großer Zug und eine ausgesucht glückliche Zeit zum Prozessieren. Die Luft bewegte leise die Dächer, die Luft spielte in den Gärten ein Blumenlied und die Luft war höllisch heiß, wodurch viele sich abquälten. Als die Zeiger einer vergessenen großen Uhr sich immer noch drehten, und die entfernte Mühle am Stadtrand im Wirbel abfallenden Wassers Mehl bereitete, öffnete sich ein großes Portal, das der beinahe ebenso große Geist durchschritt. Man muss das mystische Dunkel erwähnen, die langen Schatten der konträren Fantasie, um sich in das Innere eines Domes einfühlen zu können. Sie lassen sich Zeit. Ihr Gebet ist Farce, sie bekreuzigen sich und führen Blut und sprengen es gegen die düsteren Wände. Eine Sonne scheint durch eines der oberen, bunt verglasten Fenster. Die malerischen Augen der Vergangenheit blicken auf die Versammlung der Geglaubten. Die Becken sind leer. Ein weites Gewand der Reinheit hat sie gefangen. Die Schritte des Gastes entfernen sich im Kreis.

Sie haben den Geist gesehen, ihre Augen leuchten Zuversicht und Ekel, ihre Herzen schlagen gleich Maschinen, ihre Seelen sind voll glühenden Hasses. In der Spanne zwischen den zwei Vergänglichkeiten hat der Pfaffe die Messe beendet, ein Gefühl der Leere, der Enttäuschung wächst in die Minuten des Austrittes. In der Ferne, nicht sichtbar für die Subjektivität, spielt das weiße Gewand mit der blassen Haut den letzten Schmalz. Pfui, ruft die Menge, und nimmt eine drohende Haltung ein, als ein Pferd unter den grausamen Schlägen des üblen Stadtkutschers, der von Amts wegen Nachrichten rundfährt, zusammenbricht. Sie haben sich vergessen. In den Wehen liegt sie, für was, das hat sie vergessen – oder – sie weint ihre Schmerzen, sie trägt das Los, sie hat den Schlüssel, sie gebiert die Zukunft. Wo das alte Erwachen reut, weitet sich ein wüstes Feld ohne Lärm. Feierabend: welch ein Wort – ich kotzte letzte Nacht roten Wein durchs Fenster in die Tiefe, in die Freiheit, wo er herkam, und eine Ahnung überirdischen Glückes überkam mich dabei. Gesoffen hatte ich bis zum Kotzen, und vom Kotzen an schlief ich quer durch wohltuende Stunden. Sie haben nicht einmal den Hintergrund gesehen. Mit Händen, die die Welt ertasten, auf den Flügeln der Sonnenvögel, vor dem riesigen Wechsel ihres Tages spüren die Gedanken den kalten Schein einer nächtlichen Lampe. Wer sie hingestellt hat? Niemand weiß es, sie tragen es im Herzen und trösten sich mit einem Glauben. Doch anderes hat die Welt in den Augenblick gesetzt, was grün ist und an die Gestaltung der Vernunft glaubt. Teller aus Elfenbein und mechanische Glieder in einsamer Verbundenheit. Schwarz wie die erwachende Nacht fällt langes Haar über den weißen Hals und die gebärenden Schultern, aufgelöst im Größten der Natur die Berührung der Leiber. Ein langes Bein hat in den Himmel getreten, das andere führt die Erde spazieren. Berge der Sexualität, der Aufwallung, ich finde mich in mir selbst. Grobschlächtig wie der Metzger ein Akt mit Farbe. Die Nacht hat sie ausgezogen, ein rotes Feuer zieht grüne Kreise auf tiefem Schwarz. Ihre Lippen verlangen den Wahnsinn, ihr Herz schlägt den großen Takt der Entartung. Sie haben kein Bett. Im Zimmer leuchten die Hunde, ein Radio heult in die Umarmung. Es spürt sich das Fleisch wie die Nase den Braten. Der Vorhang hat drei Mahnungen, die vergessen werden. Sie flüstern den Abstand und küssen ohne. Ein Teppich schläft seit langem auf brüchigem Beton.

Aufgliederung des Textes

Sie wird gebracht, Ahnung hat niemand, eine kahle Haut.

Werden oder nicht sein!

Ein komplizierter Mechanismus.

Kräfte, die im Verborgenen wirken!

Zu Hause hat man gesagt, heute werde Regen in das Land ziehen und alles verschönern. Was gibt es da zu verschönern? Sie wussten nichts Neues.

Das Alter muss erlebt werden! Es produziert wie die Jugend seinen eigenen Stil!

Den, der zuletzt kommt, hat die Sonne beschienen, und den, der zuerst kommt.

Eine neue Plastik!

Ihr fehlt das fromme Wort. Sie flucht in den Tag wie ein wilder Bauer.

Lösung der Problematik ist die Erhörung des Zurückgestellten!

—

Ob es wahr ist? Sie flüstern, ein Geist sei gekommen. Der habe den musischen Mantel zur Schau getragen. Dabei soll er gegrinst haben. Glauben Sie das nur nicht! Es wird mehr gelogen in der Welt als gekauft. Oder – in einer anderen Fassung: schlecht geölt ist gut gefahren.

Sie empfingen ihn in der Finsternis ihrer Seelen, nahmen ihn und zeigten ihm ihre Wohnungen mit den alten Nummern. Auch durch die Straßen ihrer Stadt, im Geschrei der Kleinen, führten sie ihn und wiesen feierlich auf das Denkmal, das nun schon seit Jahrzehnten Mittelpunkt des Stadtgeschehens war. Eigentlich – es liegt im Geschmack oder an der Gutmütigkeit der ordentlichen Geister – hätte man am Denkmal verhalten sollen. Doch alle zog es in die kühle Nähe des ehrwürdigen Domes.

Es war ein großer Zug und eine ausgesucht glückliche Zeit zum Prozessieren. Die Luft bewegte leise die Dächer, die Luft spielte in den Gärten ein Blumenlied und die Luft war höllisch heiß, wodurch viele sich abquälten.

Als die Zeiger einer vergessenen großen Uhr sich immer noch drehten, und die entfernte Mühle am Stadtrand im Wirbel abfallenden Wassers Mehl bereitete, öffnete sich ein großes Portal, das der beinahe ebenso große Geist durchschritt. Man muss das mystische Dunkel erwähnen, die langen Schatten der konträren Fantasie, um sich in das Innere eines Domes einfühlen zu können.

Sie lassen sich Zeit. Ihr Gebet ist Farce, sie bekreuzigen sich und führen Blut und sprengen es gegen die düsteren Wände. Eine Sonne scheint durch eines der oberen, bunt verglasten Fenster. Die malerischen Augen der Vergangenheit blicken auf die Versammlung der Geglaubten. Die

Becken sind leer. Ein weites Gewand der Reinheit hat sie gefangen. Die Schritte des Gastes entfernen sich im Kreis.

Sie haben den Geist gesehen, ihre Augen leuchten Zuversicht und Ekel, ihre Herzen schlagen gleich Maschinen, ihre Seelen sind voll glühenden Hasses. In der Spanne zwischen den zwei Vergänglichkeiten hat der Pfaffe die Messe beendet, ein Gefühl der Leere, der Enttäuschung wächst in die Minuten des Austrittes. In der Ferne, nicht sichtbar für die Subjektivität, spielt das weiße Gewand mit der blassen Haut den letzten Schmalz.

Pfui, ruft die Menge, und nimmt eine drohende Haltung ein, als ein Pferd unter den grausamen Schlägen des üblen Stadtkutschers, der von Amts wegen Nachrichten rundfährt, zusammenbricht. Sie haben sich vergessen.

In den Wehen liegt sie. Für was, das hat sie vergessen – oder – sie weint, ihre Schmerzen, sie trägt das Los, sie hat den Schlüssel, sie gebiert die Zukunft.

Wo das alte Erwachen reut, weitet sich ein wüstes Feld ohne Lärm.

Feierabend!

Welch ein Wort?! – Ich kotzte letzte Nacht roten Wein durchs Fenster in die Tiefe, in die Freiheit, wo er herkam, und eine Ahnung überirdischen Glückes überkam mich dabei. Gesoffen hatte ich bis zum Kotzen, und vom Kotzen an schlief ich quer durch wohltuende Stunden. Sie haben nicht einmal den Hintergrund gesehen. Mit Händen, die die Welt ertasten, auf den Flügeln der Sonnenvögel, vor dem riesigen Wechsel ihres Tages, spüren die Gedanken den kalten Schein einer nächtlichen Lampe. Wer sie hingestellt hat? Niemand weiß es. Sie tragen es im Herzen und trösten sich mit einem Glauben. Doch anderes hat die Welt in den Augenblick gesetzt, was grün ist und an die Gestaltung der Vernunft glaubt. Teller aus Elfenbein und mechanische Glieder in einsamer Verbundenheit. Schwarz wie die erwachende Nacht fällt langes Haar über den weißen Hals und die gebärenden Schultern, aufgelöst im Größten der Natur: die Berührung der Leiber. Ein langes Bein hat in den Himmel getreten, das andere führt die Erde spazieren. Berge der Sexualität, der Aufwallung, ich finde mich in mir selbst. Grobschlächtig wie der Metzger ein Akt mit Farbe: Die Nacht hat sie ausgezogen, ein rotes Feuer zieht grüne Kreise auf tiefem Schwarz. Ihre Lippen verlangen den Wahnsinn, ihr Herz schlägt den großen Takt der Entartung. Sie haben kein Bett. Im Zimmer leuchten die Hunde, ein Radio heult in die Umarmung. Es spürt sich das Fleisch wie die Nase den Braten.

Der Vorhang hat drei Mahnungen, die vergessen werden: Sie flüstern den Abstand und Küssen ohne … Ein Teppich schläft seit Langem auf brüchigem Beton.

Deutung
 ➢ Tagebucheintrag inspiriert.

Sie wird gebracht,
 ➢ Wohl mit einem Bezug zu meinem Tagebucheintrags vom Vortag. – Nach dem Wörterbuch der deutschen Sprache von Bertelsmann (Wö. d. dt. Spr. v. Be.) hat „bringen" unter anderem die Bedeutung von „veröffentlichen, aufführen".
Ahnung hat niemand,
 ➢ „Keine blasse (nicht die blasseste) Ahnung haben" bedeutet nach dem Lexikon der sprichwörtlichen Redensarten „nicht das geringste Wissen von einer

Sache haben, völlig in Unkenntnis von etwas sein".

eine kahle Haut.

> Im Textzusammenhang ist damit meine „Haut" gemeint. – Im Wö. d. dt. Spr. v. Be. hat „Haut" an vierter Stelle (im übertragenen Sinn) die Bedeutung von „Person". – „Wie die Haut in der Wirklichkeit als Spiegel der Seele gilt, so deutet sie auch in der Traumsprache auf den nervlichen und seelischen Zustand des Träumenden hin ..." (Günter Harnisch)

Werden oder nicht sein!

Ein komplizierter Mechanismus.

> Im Wö. d. dt. Spr. v. Be. hat „Mechanismus" an erster Stelle die Bedeutung von „Einrichtung, die zwangsläufige, durch ihren Aufbau bedingte Bewegungen ausführt, Getriebe, Triebwerk" und an zweiter Stelle von „gewohnheitsmäßiger Ablauf".

Kräfte, die im Verborgenen wirken!

Zu Hause hat man gesagt, heute werde Regen in das Land ziehen und alles verschönern. Was gibt es da zu verschönern? Sie wussten nichts Neues.

Das Alter muss erlebt werden! Es produziert wie die Jugend seinen eigenen Stil!

Den, der zuletzt kommt, hat die Sonne beschienen, und den, der zuerst kommt.

> ➤ Hier beziehe ich mich wohl auf das Gleichnis von den Arbeitern im Weinberg (Matthäus 20,1-16), das ich aber nicht korrekt wiedergebe.

Eine neue Plastik!

> ➤ Da ich hin und wieder Plastiken modellierte, kann übersetzt werden: Eine Kreation von dir!

Ihr fehlt das fromme Wort. Sie flucht in den Tag wie ein wilder Bauer.

> ➤ „Träume von einem Bauern oder von einem Bauernhof betonen die Naturseite des Träumenden. Sie weisen auf ein naturnahes Leben hin …" (Günter Harnisch). Im Textzusammenhang frei übersetzt: Ihr fehlt der fromme Aus-

druck. Wenn das bei der Entlohnung Gerechtigkeit sein soll, muss man doch in Zorn geraten!

Lösung der Problematik ist die Erhörung des Zurückgestellten!

–

Ob es wahr ist? Sie flüstern, ein Geist sei gekommen.

> ➤ ... Sie, die späteren Leser dieser Texte, flüstern, ein Geist sei gekommen.

Der habe den musischen Mantel zur Schau getragen.

> ➤ „Der Mantel als Traumsymbol hat Schutzfunktion. Als Standeszeichen einer bestimmten Berufsgruppe (Priester, Richter, Ärzte) symbolisiert der Mantel entsprechende Eigenschaften dieser Berufe." (Günter Harnisch). – Im Wö. d. dt. Spr. v. Be. hat „musisch" an erster Stelle die Bedeutung von „zu den Musen gehörend, von ihnen stammend".

Dabei soll er gegrinst haben.

> Nach dem Wö. d. dt. Spr. v. Be. hat „grinsen" die Bedeutung von „breit lächeln", zum Beispiel „boshaft, schadenfroh, vergnügt grinsen".

Glauben Sie das nur nicht!

> An die Leser gerichtet.

Es wird mehr gelogen in der Welt als gekauft. Oder – in einer anderen Fassung: schlecht geölt ist gut gefahren.

> Zu Öl schreibt Günter Harnisch: „Dieses Traumsymbol drückt den Wunsch nach Entspannung, Frieden und Harmonie aus. Es ist etwa im Sinne der Redensart ‚Öl auf die Wogen gießen' zu verstehen." – „Mit dieser Methode sind wir immer gut gefahren" bedeutet nach dem Wö. d. dt. Spr. v. Be. „diese Methode hat sich immer bewährt".

Sie empfingen ihn in der Finsternis ihrer Seelen,

> „Was im Dunkel liegt, kann man nicht durchschauen und nicht begreifen. Damit sind Gedanken, Gefühle und Handlungen gemeint. Als Traumbild weist die Dunkelheit meist auf Verständnislosig-

> keit, Unwissenheit, das Unbewusste,
> Angst, Alter und Tod hin ..." (Günter
> Harnisch)

nahmen ihn und zeigten ihm ihre Wohnungen
mit den alten Nummern.

> ➤ Im Wö. d. dt. Spr. v. Be. hat „Nummer"
> an sechster Stelle (derb) die Bedeutung
> von „Geschlechtsverkehr".

Auch durch die Straßen ihrer Stadt,

> ➤ „Die Stadt stellt im Traum den seeli-
> schen Umweltbereich des Träumenden
> dar ..." (Günter Harnisch)

im Geschrei der Kleinen,

> ➤ Im Wö. d. dt. Spr. v. Be. hat „klein" an
> dritter Stelle die Bedeutung von „jung,
> noch nicht ausgewachsen" und an sie-
> benter Stelle von „bescheiden, einfach",
> zum Beispiel „ein kleiner Angestellter;
> der kleine Mann".

führten sie ihn und wiesen feierlich auf das
Denkmal, das nun schon seit Jahrzehnten Mittelpunkt des Stadtgeschehens war.

> ➤ Im Wö. d. dt. Spr. v. Be. hat „Denkmal"
> an erster Stelle die Bedeutung von „zur
> Erinnerung an eine bedeutende Persön-

lichkeit oder ein historisches Ereignis errichtetes plastisches Bildwerk".

Eigentlich – es liegt im Geschmack oder an der Gutmütigkeit der ordentlichen Geister – hätte man am Denkmal verhalten sollen.

> *Denn „Denkmal" kann rein akustisch auch als „Denk mal!" verstanden werden.*

Doch alle zog es in die kühle Nähe des ehrwürdigen Domes.

> *Nach dem Wö. d. dt. Spr. v. Be. hat „ehrwürdig " die Bedeutung von „Ehrerbietung einflößend, durch Alter und Weisheit verehrungswürdig".*

Es war ein großer Zug und eine ausgesucht glückliche Zeit zum Prozessieren.

> *„Prozessieren" bedeutet nach dem Wö. d. dt. Spr. v. Be. ausschließlich „einen Prozess führen".*

Die Luft bewegte leise die Dächer,

> *Nämlich in der Hitze des Tages. – „... Von jeher ist nun die Luft als das Medium des Geistes empfunden worden ..." (Ernst Aeppli). – Zu „Dach" schreibt Georg Fink unter anderem: „Meint den*

> Kopf des Träumenden, das ‚Oberstüb-
> chen' ..."

die Luft spielte in den Gärten ein Blumenlied

> ➤ „Der Garten ist im Allgemeinen ein
> Symbol der partnerschaftlichen Bezie-
> hung. Er zeigt Wachstum, Fruchtbar-
> keit, Lebensfreude an und hat fast im-
> mer eine positive Bedeutung ..." (Günter
> Harnisch). – „Blumen und Blüten sind
> allgemein als Symbolbilder für den Ge-
> fühlsbereich zu verstehen. [...] Blumen
> und Blüten haben im Traum fast im-
> mer eine positive Bedeutung ..." (Günter
> Harnisch)

und die Luft war höllisch heiß, wodurch viele sich
abquälten.

> ➤ Im Wö. d. dt. Spr. v. Be. hat „höllisch"
> an erster Stelle die Bedeutung von „zur
> Hölle gehörig, aus der Hölle stammend"
> und an zweiter Stelle von „quälend,
> schrecklich". – Im gleichen Wörterbuch
> hat „heiß" an zweiter Stelle die Bedeu-
> tung von „leidenschaftlich, inbrünstig",
> an dritter Stelle von „heftig, lebhaft",

an vierter Stelle (umgangssprachlich) von „aufpeitschend, erregend", an fünfter Stelle von „konfliktbeladen", an sechster Stelle (umgangssprachlich) von „sexuell erregend" und an siebenter Stelle (umgangssprachlich) von „sexuell erregt, brünstig".

Als die Zeiger einer vergessenen großen Uhr sich immer noch drehten,

> ➢ Gemeint sind sicherlich die Zeiger der Kirchenuhr.

und die entfernte Mühle am Stadtrand im Wirbel abfallenden Wassers Mehl bereitete,

> ➢ „Das Wasser symbolisiert im Traum unbewusste seelische Energie …" (Günter Harnisch). – Zu Mehl bzw. Getreide heißt es beim gleichen Autor unter anderem: „Alle Getreidearten symbolisieren körperliche und psychisch-geistige Grundbedürfnisse …"

öffnete sich ein großes Portal,

> ➢ Nämlich das Portal des oben erwähnten Domes. – „Tür und Tor zeigen im Traum Zugangsmöglichkeiten an, deren

Art sich aus der weiteren Traumhandlung bestimmen lässt. Entsprechend
lassen sich auch verschlossene oder fehlende Türen deuten." (Günter Harnisch)
das der beinahe ebenso große Geist durchschritt.
Man muss das mystische Dunkel erwähnen,

> Im Wö. d. dt. Spr. v. Be. hat „mystisch"
> an erster Stelle die Bedeutung von „zur
> Mystik gehörend, auf ihr beruhend" und
> an zweiter Stelle von „geheimnisvoll,
> dunkel". Im gleichen Wörterbuch wird
> „Mystik" definiert als „Form des reli-
> giösen Erlebens, bei der durch Versen-
> kung schon im jetzigen Dasein die Ver-
> einigung mit dem Göttlichen gesucht
> wird".

die langen Schatten der konträren Fantasie,

> Nämlich die Schatten der dazu konträ-
> ren Fantasie. – Im Wö. d. dt. Spr. v. Be.
> hat „Schatten" an dritter Stelle die
> Bedeutung von „dunkler Fleck, dunkle
> Erscheinung". – Im gleichen Wörter-
> buch wird „konträr" definiert als „ge-
> gensätzlich". – Ebenfalls in diesem

> Wörterbuch hat „Fantasie" an zweiter
> Stelle erstens die Bedeutung von „Ein-
> bildungskraft, Erfindungsgabe, Einfalls-
> reichtum" und zweitens von „Ereignis,
> Bild, Vorstellung der Einbildungskraft".

um sich in das Innere eines Domes einfühlen zu
können.

Sie lassen sich Zeit. Ihr Gebet ist Farce,

> ➢ Im Wö. d. dt. Spr. v. Be. hat „Farce" an
> zweiter Stelle die Bedeutung von „lä-
> cherliche, als wichtig hingestellte Ange-
> legenheit".

sie bekreuzigen sich

> ➢ „Sich bekreuzigen" bedeutet nach dem
> Wö. d. dt. Spr. v. Be. „das Kreuzzeichen
> vor der eigenen Brust und Stirn ma-
> chen".

und führen Blut

> ➢ Im Wö. d. dt. Spr. v. Be. hat „führen"
> an erster Stelle unter anderem die Be-
> deutung von „lenken, leiten". – Im glei-
> chen Wörterbuch hat „Blut" an fünfter
> Stelle (poetisch) die Bedeutung von
> „Mensch", zum Beispiel: „so ein junges

Blut". – „Blut symbolisiert Lebenskraft, Liebe und Leidenschaft ..." (Günter Harnisch)

und sprengen es gegen die düsteren Wände.

➢ Zu „Wand" schreibt Günter Harnisch: „Dieses Traumbild kommt in zwei unterschiedlichen Bedeutungen vor: Einmal verkörpert die Wand Schutz und Geborgenheit. Zum anderen stellt sie ein Hindernis dar." (Günter Harnisch)

Eine Sonne

➢ Nämlich die Sonne, die sie für einen materiellen Himmelskörper halten. – „Die Sonne ist eines der positivsten Traumsymbole. Sie kennzeichnet im Traum stets produktive schöpferische Energie, die künstlerische Ideen oder Bewusstseinsprozesse in Gang bringt." (Günter Harnisch). – „Die positive (männliche) Kraft der Seele, Energiesymbol des Lebens, des Schöpferischen, des Befruchtenden, denn in den meisten Kulturen wird die Sonne als männlich angesehen. Wo sie im Traum aufgeht, da ist Erfolg in allen Lebensbereichen zu erwarten. Wo sie untergeht, mündet eine Glücksphase ins Alltägliche. Die leuchtende Kraft der Sonne erhellt unser Bewusstsein und macht uns für neue und gute Taten bereit ...'' (Georg Fink). – ,,... Das leuchtendste und größte Energiesymbol ist die Sonne. Wo sie im Traum aufgeht, ist stärkste Wirkung, ist ein tätiger Morgen zu erwarten. Nur in den Wüstenträumen kann die sengende Glut dem Wanderer den Tod bringen. Sonst aber ist sie die Bringerin des Lebens, des Schöpferischen, Befruchtenden. Sonnenuntergänge aber sind im Traum meist von negativer Bedeutung, eine Bewusstseinsphase geht zu Ende.'' (Ernst Aeppli). – ,,... Betrachten wir die Sonne (Orange) und die Erde (Blau), so finden wir in ihnen Urbild und Vorbild des Liebens. Das war auch der Inhalt der Sonnenreligion Altägyptens und wird auch die Religion des Wassermannzeitalters, des Evangeliums

der Sonne sein." (Heinrich Elijah Benedikt)

scheint durch eines der oberen, bunt verglasten
Fenster.

> Im Wö. d. dt. Spr. v. Be. wird „Fenster"
an erster Stelle definiert als „verglaste
Wandöffnung (zur Belichtung und Be-
lüftung von Räumen)".

Die malerischen Augen der Vergangenheit

> Nämlich beim Blick der Sonne durch die
„malerisch" verglasten Fenster

blicken auf die Versammlung der Geglaubten.

> Nämlich derjenigen, die einmal geglaubt
haben

Die Becken sind leer.

> Wohl die Becken der Frauen

Ein weites Gewand der Reinheit hat sie gefangen.

> „Die Kleider im Traum beziehen sich auf
die vom Unbewussten her beeinflusste
Persönlichkeit, wie sie sich gegenüber
der Umwelt darstellt. Die Art der Kleidung im Traum, ihr Zustand, ihre Farbe, ihre Zweckmäßigkeit für bestimmte
im Traum vorkommende Handlungen

ergeben eine Fülle möglicher Deutungen, die meist verhältnismäßig leicht verständlich sind, wenn man sie mit entsprechenden realen Situationen vergleicht." (Günter Harnisch)

Die Schritte des Gastes entfernen sich im Kreis.

> Mit „Kreis" ist die Zeit gemeint, in welcher ich, mir damals aber nicht bewusst, aktuell mit der Geistigen Welt in Verbindung stand und als Schreibmedium fungierte. – „… Allgemein signalisiert der Kreis im Traum eine Konzentration psychischer Energie." (Günter Harnisch)

Sie haben den Geist gesehen, ihre Augen leuchten Zuversicht und Ekel,

> „Im Volksmund bezeichnet man die Augen als den Spiegel der Seele. Das Auge hat im Traum die Symbolbedeutung eines Bewusstseinsorgans …" (Günter Harnisch)

ihre Herzen schlagen gleich Maschinen,

> Nämlich aus wissenschaftsgläubiger Sicht

ihre Seelen sind voll glühenden Hasses.

> ➤ Im Wö. d. dt. Spr. v. Be. wird „Seele"
> an erster Stelle definiert als „das Innere
> des Menschen, das Denken, Fühlen und
> Empfinden".

In der Spanne zwischen den zwei Vergänglichkeiten hat der Pfaffe die Messe beendet,

> ➤ Das heißt, in der Zeit zwischen dem
> Beginn der Messe und ihrem Ende.

ein Gefühl der Leere, der Enttäuschung wächst in die Minuten des Austrittes.

> ➤ Mit letzterem ist sicherlich die kurze
> Zeit beim Verlassen der Kirche gemeint.

In der Ferne, nicht sichtbar für die Subjektivität,

> ➤ Nach dem Wö. d. dt. Spr. v. Be. hat
> „Subjektivität" die Bedeutung von
> „persönliche Auffassung, Unsachlich-
> keit".

spielt das weiße Gewand mit der blassen Haut den letzten Schmalz.

Pfui, ruft die Menge, und nimmt eine drohende Haltung ein, als ein Pferd unter den grausamen Schlägen des üblen Stadtkutschers, der von Amts wegen Nachrichten rundfährt, zusammenbricht. Sie haben sich vergessen.

> Nämlich das, was sie selbst tun, denn „Die Beziehung zwischen dem Pferd und seinem Herrn dürfte in früheren Zeiten die persönlichste gewesen sein, die zwischen Tier und Mensch überhaupt denkbar ist. In den antiken Mythen, Sagen und Märchen verkörpert das Pferd biologische Lebenskraft ...‘‘ (Günter Harnisch)

In den Wehen liegt sie.

> Nämlich die Frau bei der Geburt eines Kindes.

Für was, das hat sie vergessen – oder – sie weint, ihre Schmerzen, sie trägt das Los, sie hat den Schlüssel, sie gebiert die Zukunft.

> „In engerem Sinne ist der Schlüssel ein Symbol für das männliche Glied. Dementsprechend gilt das Schloss als die Scheide der Frau. Wird der Schlüssel in das Schlüsselloch gesteckt, darin umgedreht oder herausgezogen, so symbolisiert dieses Bild den Geschlechtsverkehr. In übertragenem Sinne öffnet der Schlüssel aber auch den Zugang zu bislang verschlossenen neuen Erfahrungs-

bereichen. Dieses Symbol kann daher auch auf eine sich ankündigende Entwicklung der Persönlichkeit hinweisen." (Günter Harnisch)

Wo das alte Erwachen reut, weitet sich ein wüstes Feld ohne Lärm.

> Im Wö. d. dt. Spr. v. Be. hat „Feld" im übertragenen Sinn die Bedeutung von „Bereich, in dem sich etwas abspielt". – „In der Traumsprache ist das Feld meist als Betätigungsfeld zu sehen. Es symbolisiert ein Aufgaben- und Interessengebiet ..." (Günter Harnisch)

Feierabend!

Welch ein Wort?! –

> Denn im Wö. d. dt. Spr. v. Be. hat „Feierabend" an erster Stelle die Bedeutung von „Schluss, Beendigung der Arbeit am Abend".

Ich kotzte letzte Nacht roten Wein durchs Fenster in die Tiefe, in die Freiheit, wo er herkam, und eine Ahnung überirdischen Glückes überkam mich dabei. Gesoffen hatte ich bis zum Kotzen,

➢ Nach meiner Erinnerung, wenn es überhaupt so war, ein wohl einmaliges Geschehen.

und vom Kotzen an schlief ich quer durch wohltuende Stunden. Sie haben nicht einmal den Hintergrund gesehen.

➢ Gemeint sind wohl die „wohltuenden Stunden". — Nach dem Wö. d. dt. Spr. v. Be. hat „Hintergrund" unter anderem die Bedeutung von „verborgene Ursachen und Zusammenhänge". — Nach dem gleichen Wörterbuch hat „etwas sehen" unter anderem die Bedeutung von „erkennen, durchschauen".

Mit Händen, die die Welt ertasten,

➢ „Die Hand ist das körperliche Instrument des menschlichen Handelns. Dementsprechend sind alle Träume zu deuten, in denen die Hand eine Rolle spielt …" (Günter Harnisch). — Nach dem Wö. d. dt. Spr. v. Be. hat „tasten" unter anderem die Bedeutung von „zu erfahren suchen".

auf den Flügeln der Sonnenvögel,

> ➤ Bezüglich der symbolischen Bedeutung der Sonne an dieser Textstelle siehe oben. – „… Die Vögel sind vor allem Luftwesen. Von jeher ist nun die Luft als das Medium des Geistes empfunden worden. Damit sind auch die Vögel geistige Wesen, ähnlich den Gedanken …" (Ernst Aeppli)

vor dem riesigen Wechsel ihres Tages,

> ➤ Ein Synonym für „Tag" ist nach „Woxikon" unter anderem „Zeit".

spüren die Gedanken den kalten Schein einer nächtlichen Lampe.

> ➤ Mit letzterer ist im Textzusammenhang sicherlich der Mond mit seinem kalten Licht gemeint. Das Mondlicht als ein indirektes Licht symbolisiert in meinen inspirierten Tagebuchtexten das Verstandeslicht, den Verstand, das Verstandesdenken. – „Der Mond hat im Allgemeinen weibliche Symbolbedeutung. Er stellt seit alters her die kosmische Entsprechung der obersten weiblichen Gottheit dar. In vielen Sprachen

ist er dem weiblichen Geschlecht zugeordnet (z.B. la lune im Französischen). Bekannt ist seine Beziehung zu Stimmungen und dem Monatszyklus der Frau." (Günter Harnisch)

Wer sie hingestellt hat? Niemand weiß es. Sie tragen es im Herzen

> ➤ Nämlich dieses Wissen. – Im Wö. d. dt. Spr. v. Be. hat „Herz" an zweiter Stelle (im übertragenen Sinn) die Bedeutung von „Sitz der Seele und der Gefühle", an dritter Stelle von „Mittelpunkt, Zentrum" und an vierter Stelle von „innerster Teil". – „In tiefstem Herzen" bedeutet nach dem gleichen Wörterbuch „im Geheimen".

und trösten sich mit einem Glauben. Doch anderes hat die Welt in den Augenblick gesetzt,

> ➤ ... Doch anderes als diesen Glauben hat die Welt in unsere gegenwärtige Zeit gesetzt. – Im Wö. d. dt. Spr. v. Be. hat „Welt" an zweiter Stelle die Bedeutung von „Leben (auf der Erde), Ablauf des Geschehens (auf der Erde)", zum Beispiel „er versteht die Welt nicht mehr".

was grün ist und an die Gestaltung der Vernunft glaubt.

> „Grün ist im Traum wie in der Wirklichkeit die Farbe des frischen, neuen naturhaften Lebens. Es zeigt ein Werden an, noch keine Reife. Grün kann also auch die Bedeutung von unreif haben." (Günter Harnisch). – Im Wö. d. dt. Spr. v. Be. wird „Vernunft" definiert als „Fähigkeit zur Erkenntnis und das Vermögen, sie anzuwenden".

Teller aus Elfenbein

> „In der Traumsprache symbolisieren Gefäße aller Art meist den Leib der Frau und die weibliche Sexualität. Das gilt nicht nur für Gefäße mit runden Formen, sondern ebenso für Dosen, Kästen, Koffer, Körbe, Schachteln und Taschen ..." (Günter Harnisch). – Zu „Elfen" schreibt Günter Harnisch: „Sie sind hilfreiche Naturwesen, Lichtgestalten, die auf eine ausweglos erscheinende Situation hindeuten, in der Rat und

Hilfe notwendig sind." (Günter Harnisch)

und mechanische Glieder in einsamer Verbundenheit.

➢ Im Wö. d. dt. Spr. v. Be. wird „mechanisch" an erster Stelle definiert als „zu einem Mechanismus gehörig, durch einen Mechanismus bewirkt, mit Hilfe eines Mechanismus". Synonyme für „mechanisch" sind nach dem Duden unter anderem „mit Maschinenkraft, automatisch, der Gewohnheit folgend, gedankenlos, instinktiv, unbewusst". − Infolge meiner damaligen Wissenschaftsgläubigkeit ging ich davon aus, dass wir Menschen keine Seele besäßen und darum mit Maschinen verglichen werden könnten. − „Glied" symbolisiert hier im Textzusammenhang das männliche Glied. Die davon abzuleitende Deutung des ganzen Satzes überlasse ich der Fantasie des Lesers.

Schwarz wie die erwachende Nacht fällt langes Haar über den weißen Hals und die gebärenden Schultern,

> „Dem Haar wurde zu allen Zeiten bei allen Völkern eine große Bedeutung zugemessen. Das Haar wächst selbst nach dem Tode noch weiter. Es symbolisiert die Lebensvitalität, zu der auch die sexuelle Potenz gehört. Im europäischen Kulturbereich gilt das lange Haar beim Mann seit Jahrtausenden als Zeichen seiner Freiheit. Das lange Haar bei Frauen betont die Weiblichkeit …" (Günter Harnisch). – Und zu Schulter schreibt „Der Traumdeuter.ch" unter anderem: „Psychologisch: Schulter steht für Tatkraft und Energie, mit der man bewältigt, was man aufgebürdet bekommt …"

aufgelöst im Größten der Natur: die Berührung der Leiber. Ein langes Bein hat in den Himmel getreten,

> Nämlich bei der Erbsünde. – „Mit den Beinen, dem Fuße ist symbolisch verbunden, was unsern „Lebensgang" betrifft. Die phallische, also sexuelle Bedeutung, welche die Psychoanalyse dem

Symbol des Fußes mit Recht auch zuspricht, tritt hinter jenen allgemeinen Gehalt des Fußsymbols als ein Zeichen dessen, womit wir weiterschreiten, zurück." (Ernst Aeppli)

das andere führt die Erde spazieren.

> „Im Schoß der Erde liegt die Saat. Sie reift zu neuem Leben heran. Dementsprechend weist Erde als Traumsymbol meist auf Körperlichkeit, Fruchtbarkeit, Mütterlichkeit und Nähren hin. Wer tief in die Erde eindringt, gelangt in Bereiche der Vergangenheit, der Geschichte und des Todes. Wer aus der Erde aufsteigt, erwacht zu neuem Leben. Mit diesem Traumbild kann auch die Geschichte der eigenen Persönlichkeit gemeint sein. Wer sich zu tief in die Erde eingräbt, lebt nur noch seinen Erinnerungen. Er entfernt sich von der Wirklichkeit. Wer sich aus der Erde befreit, wird lebenstüchtig. Er erlebt eine körperliche oder geistige Wiedergeburt und

gewinnt neue Lebensperspektiven ..."
(Günter Harnisch)
Berge der Sexualität, der Aufwallung,

> Zu Berg schreibt Georg Fink unter anderem: „Er deutet auf Probleme hin, die vor uns aufragen ..." – Im Wö. d. dt. Spr. v. Be. wird „Aufwallung" definiert als „das Aufwallen, plötzliche Gemütsbewegung".

ich finde mich in mir selbst. Grobschlächtig wie der Metzger

> Der Metzger schneidet mit dem Messer Fleisch. Zu Messer schreibt Günter Harnisch unter anderem: ... „Häufig deutet es im Traum im übertragenen Sinne auf ein gedankliches Zerteilen, also ein Analysieren und Differenzieren hin ..." Und zu Fleisch: „Dieses Symbol bezieht sich fast immer auf körperliche, meist sexuelle Energien und Bedürfnisse. Rohes Fleisch veranschaulicht Körperkraft, Potenz und Leidenschaft oder den Wunsch nach diesen Eigenschaften ..."

ein Akt mit Farbe:

> Im Wö. d. dt. Spr. v. Be. hat „Akt" an erster Stelle die Bedeutung von „Handlung, Vorgang". — „Einer Sache Farbe geben" bedeutet nach dem Lexikon der sprichwörtlichen Redensarten „sie beleben und interessant gestalten".

Die Nacht hat sie ausgezogen,

> „Die Nacht stellt im Traum den gesamten Bereich des Unbewussten dar, der im Dunkeln liegt." Günter Harnisch). — Synonyme für Nacht sind nach dem Duden unter anderem „Dunkelheit, Finsternis, Schwärze".

ein rotes Feuer

> „Die Farbe Rot drückt Leidenschaft, Sinnlichkeit, Feuer und gesteigerte Vitalität aus …" (Günter Harnisch) — Im Wö. d. dt. Spr. v. Be. hat „Feuer" an achter Stelle (im übertragenen Sinn) die Bedeutung von „Heftigkeit", zum Beispiel „das Feuer seines Hasses, Zorns, seiner Liebe". — „Feuer und Flammen treten im Traum in verschiedenen Bedeutungen auf, die sich meist aus dem

Handlungszusammenhang näher bestimmen lassen. [...] Ein zerstörendes
Feuer signalisiert immer Gefahr. Sie
kann in einer verzehrenden Leidenschaft, sexueller Abhängigkeit oder
starken und fanatischen Ideen begrün-
det sein." (Günter Harnisch)
zieht grüne Kreise auf tiefem Schwarz.

> ,,Die Sache zieht Kreise" bedeutet nach
> dem Wö. d. dt. Spr. v. Be. ,,die Sache
> hat weitreichende Auswirkungen". —
> ,,Grün ist im Traum wie in der Wirk-
> lichkeit die Farbe des frischen, neuen
> naturhaften Lebens. Es zeigt ein Werden
> an, noch keine Reife. Grün kann also
> auch die Bedeutung von unreif haben."
> (Günter Harnisch). — ,,Schwarz ist im
> Traum das Signal für einen seelischen
> Stillstand, auch für Trauer und Tod ...“
> (Günter Harnisch)

Ihre Lippen verlangen den Wahnsinn,

> Im Wö. d. dt. Spr. v. Be. hat ,,Wahn-
> sinn" an zweiter Stelle (im übertrage-
> nen Sinn und umgangssprachlich) die

Bedeutung von „(gefährlicher) Unsinn, unsinniges, gefährliches Verhalten, Handeln".

ihr Herz schlägt den großen Takt der Entartung.

> Denn „Das Herz ist das Symbol für körperliche Lebensenergie, aber auch für Liebe, für Gefühlsfähigkeit. Nach der Symbolik des Mittelalters war das Herz das Bild der Sonne im Menschen. Auch dieses Bild weist deutlich auf die Bedeutung dieses Organs für die Versorgung mit Lebensenergie hin ..." (Günter Harnisch). – Im Wö. d. dt. Spr. v. Be. hat „entarten" die Bedeutung von „aus der Art schlagen, sich nicht normal entwickeln, sich stark ins Negative verändern".

Sie haben kein Bett.

> Synonyme für Bett sind nach dem Duden unter anderem „Lagerstätte, Lagerstatt, Schlafstatt".

Im Zimmer leuchten die Hunde,

> Zu „Zimmer" schreibt Georg Fink unter anderem: „Das Innerste des Hauses,

übersetzt: des eigenen Ich ..." – „Tiere verkörpern im Traum die Naturseite des Menschen. Sie vertreten gleichsam die Instinkte und Ahnungen. Menschliche Eigenschaften werden in Sprache und Literatur – in den Fabeln und Comics – durch Tiere und Tierverhaltensweisen dargestellt ..." (Günter Harnisch). – „Die sexuelle Bedeutung von Hunden im Traum erhellt wohl aus ihrer Eigenart, sexuelle Handlungen in aller Öffentlichkeit zu vollziehen ..." (Georg Fink)

ein Radio heult in die Umarmung.

➢ Zu „Radio" schreibt Günter Harnisch unter anderem: „Dieses Traumsymbol deutet meist auf das Bedürfnis nach Kontakten zu anderen Menschen ..."

Es spürt sich das Fleisch wie die Nase den Braten.

➢ Zu Fleisch heißt es bei Günter Harnisch unter anderem: „Dieses Symbol bezieht sich fast immer auf körperliche, meist sexuelle Energien und Bedürfnisse. Rohes Fleisch veranschaulicht Körperkraft,

Potenz und Leidenschaft oder den Wunsch nach diesen Eigenschaften. Ist das Fleisch zubereitet, so drückt sich darin verfeinerte Genussfähigkeit aus. Großer Appetit auf Fleisch weist auf starkes Triebverlangen hin ...‚‚

Der Vorhang hat drei Mahnungen, die vergessen werden:

> ➢ *Ein Epilog. – Im Textzusammenhang ist hier mit ,,Vorhang‚‚ ein sich öffnender Theatervorhang mit dem sich anschlie-ßenden Bühnenstück gemeint, nämlich meine vorangegangene Darstellung.*

Sie flüstern den Abstand

> ➢ *Sie, nämlich die mich Inspirierenden, flüstern, Abstand zu halten*

und Küssen ohne ...

> ➢ *,,Der Kuss symbolisiert eine innige An-näherung. Sie kann, aber muss nicht erotischen Charakter haben ...‚‚ (Günter Harnisch)*

Ein Teppich schläft seit langem auf brüchigem Beton.

➢ Im Wö. d. dt. Spr. v. Be. hat „Teppich"
an zweiter Stelle die Bedeutung von
„etwas, das den Boden bedeckt" – Und
Günter Harnisch schreibt zu Teppich:
„Zunächst einmal deutet dieses Symbol
auf Behaglichkeit oder den Wunsch
nach Luxus hin ..."

2. Januar 1961

Personen, Personen, kauft Leute, kauft Personen
– oder ruft sie an.
Sie haben Hunger und wenig Geld. Sie haben
auch keine Moral.

Gegen Müdigkeit gibt es keine Medizin, es sei
denn, man kratzt ab.
In der letzten Nacht wenig geschlafen, heute
wieder diese verflucht langweilige, körperlich
nun schon ungewohnte Installationsarbeit gemacht. Die Krönung dieser Leistung nur Schmerzen im Rücken und viel Schlaf. Mache er sich
doch eine Melodie drauf, die er fröhlich pfeifend
als Warnung mit in seine Alpträume nimmt. Aber
der Heinz ist dumm, er kann keine Melodien
pfeifen wie andere, er kann nur raten.

Wo hat man nur meine Liebe hingetan? Ist sie
verzogen? Hat sie Angst bekommen? Sie rief
heute aus dem Telefon. Sie redete wie immer,
sie war lieb, wie immer, sie war traurig, sie sucht
ihr verlorenes Gesicht, ihr verworfenes Leben.
Sie hat gelogen. Sie hat Angst und aus Angst geredet und sie hat geküsst – nicht aus Angst – oh
nein, sie hat aus Leidenschaft geküsst. Kennen
Sie Rauvier? Meinen herzlichen Glückwunsch. Sie
verstehen es nicht. Er war auch immer dagegen.

Und Goethe erst. Der Neid ist ein hässlich-schönes Geschenk – und trotzdem – ich schätze das „nach oben", nicht aber die Harmonie, die am relativen Nachmittag geboren wurde. In den Schuhen der Zeit. Bestrebungen, warum komme ich nicht zu ulkigen Gesetzen, ich meine die Gesetze des Ulks? Was muss man tun, um, die Zweckmäßigkeit des Alltags überwindend, zu Wortkombinationen zu kommen, die lächerlich wirken. Das ist schwer und vorerst Neuland. Voraussetzung ist natürlich die unnatürliche Kombination, die nicht verständnisvoll gehört und verarbeitet wird, die eine konventionelle ernste Reaktion hervorruft. Jedenfalls meine ich, für den Anfang, die Kombination muss harmlos sein wie ein Witz, nicht beleidigend und etwas aufreizend. Das ist Philosophie mit drei Worten, also vollkommen gegenstandslos für die anspruchsvolle Diskussion. Ich bin müd'. Ich geh ins Bett. Der Tag – er war im Ganzen nett. Trotzdem vom Himmel hat's gegossen, mich hat es heut mal nicht verdrossen. Stille Nacht, Lumumba, Braunkopf von besonderer Güte im Edeka-Fachgeschäft. Kauft Leute, kauft Braunkopf.

Aufgliederung des Textes

Personen, Personen, kauft, Leute, kauft Personen – oder ruft sie an! Sie haben Hunger und wenig Geld. Sie haben auch keine Moral.

–

Gegen Müdigkeit gibt es keine Medizin, es sei denn, man kratzt ab. In der letzten Nacht wenig geschlafen, heute wieder diese verflucht langweilige, körperlich nun schon ungewohnte Installationsarbeit gemacht. Die Krönung dieser Leistung nur Schmerzen im Rücken und viel Schlaf.

Mache er sich doch eine Melodie drauf, die er fröhlich pfeifend als Warnung mit in seine Alpträume nimmt! Aber der Heinz ist dumm! Er kann keine Melodien pfeifen wie andere, er kann nur raten!

–

Wo hat man nur meine Liebe hingetan? Ist sie verzogen? Hat sie Angst bekommen? Sie rief heute aus dem Telefon. Sie redete wie immer, sie war lieb wie immer, sie war traurig, sie sucht ihr verlorenes Gesicht, ihr verworfenes Leben. Sie hat gelogen, sie hat Angst und aus Angst geredet und sie hat geküsst ...

Nicht aus Angst!

Oh nein, sie hat aus Leidenschaft geküsst.

Kennen Sie Rauvier? Meinen herzlichen Glückwunsch, Sie verstehen es nicht. Er war auch immer dagegen. Und Goethe erst!

Der Neid ist ein hässlich-schönes Geschenk!

Und trotzdem – ich schätze das „nach oben",
nicht aber die Harmonie, die am relativen Nachmittag geboren wurde, in den Schuhen der Zeit.

Bestrebungen!

Warum komme ich nicht zu ulkigen Gesetzen, ich
meine die Gesetze des Ulks? Was muss man tun,
um, die Zweckmäßigkeit des Alltags überwindend zu Wortkombinationen zu kommen, die
lächerlich wirken.

Das ist schwer und vorerst Neuland!

Voraussetzung ist natürlich die unnatürliche
Kombination, die nicht verständnisvoll gehört
und verarbeitet wird, die nicht eine konventionelle ernste Reaktion hervorruft. Jedenfalls meine ich für den Anfang, die Kombination muss

harmlos sein wie ein Witz, nicht beleidigend und etwas aufreizend.

Das ist Philosophie in drei Worten, also vollkommen gegenstandslos für die anspruchsvolle Diskussion!

Ich bin müd', ich geh' ins Bett,
der Tag, er war im Ganzen nett.
Trotzdem vom Himmel hat's gegossen,
mich hat es heut' mal nicht verdrossen.

Stille Nacht. Lumumba. Braunkopf von besonderer Güte im Edeka-Fachgeschäft. Kauft, Leute, kauft Braunkopf!

Deutung
  ➢ *Tagebucheintrag zum Teil inspiriert.*

Personen, Personen, kauft, Leute, kauft Personen – oder ruft sie an! Sie haben Hunger und wenig Geld. Sie haben auch keine Moral.
  ➢ *Wohl mit einem Bezug zu ,,Stille Nacht. Lumumba.'' am Ende dieses Tagebucheintrags. Ein Synonym für ,,Person'' ist nach dem Duden unter anderem (abwertend) ,,Subjekt''.*

–

Gegen Müdigkeit gibt es keine Medizin, es sei denn, man kratzt ab.

> Eine dumme Äußerung von mir, denn es gibt wohl eine Medizin, nämlich eine gesunde Lebensweise mit natürlichen Wach- und Schlafzeiten. –Im Wörterbuch der deutschen Sprache von Bertelsmann (Wö. d. dt. Spr. v. Be.) hat „abkratzen" (ohne Objekt; derb) die Bedeutung von „sterben".

In der letzten Nacht wenig geschlafen, heute wieder diese verflucht langweilige, körperlich nun schon ungewohnte Installationsarbeit gemacht. Die Krönung dieser Leistung nur Schmerzen im Rücken und viel Schlaf.

> Im Wö. d. dt. Spr. v. Be. hat „Krönung" an zweiter Stelle die Bedeutung von „wirkungsvoller Abschluss, Höhepunkt". – Nach dem gleichen Wörterbuch bedeutet „Schlaf haben" in Süddeutschland auch „schläfrig, müde sein".

Mache er sich doch eine Melodie drauf, die er fröhlich pfeifend als Warnung mit in seine Alp-

träume nimmt! *Aber der Heinz ist dumm! Er kann keine Melodien pfeifen wie andere, er kann nur raten!*

➢ „Jemandem (etwas) raten" bedeutet nach dem Wö. d. dt. Spr. v. Be. „jemandem den Rat geben, etwas zu sagen oder zu tun".

–

Wo hat man nur meine Liebe hingetan? Ist sie verzogen? Hat sie Angst bekommen? Sie rief heute aus dem Telefon.

➢ Gemeint ist G.

Sie redete wie immer, sie war lieb wie immer, sie war traurig, sie sucht ihr verlorenes Gesicht, ihr verworfenes Leben. Sie hat gelogen,

➢ Dumme Äußerungen von mir. – „Etwas verwerfen" bedeutet nach dem Wö. d. dt. Spr. v. Be. an erster Stelle „für nicht gut, für unbrauchbar halten und daher ablehnen".

sie hat Angst und aus Angst geredet und sie hat geküsst ...

Nicht aus Angst!

Oh nein, sie hat aus Leidenschaft geküsst.

Kennen Sie Rauvier? Meinen herzlichen Glückwunsch, Sie verstehen es nicht. Er war auch immer dagegen. Und Goethe erst!

> ➢ Was ich damit ausdrücken wollte, weiß ich nicht mehr.

Der Neid ist ein hässlich-schönes Geschenk!

> ➢ „Hässlich" als Charaktereigenschaft, „schön" insofern, als sich unsere Lebensumstände bessern, wenn wir den Neid überwinden.

Und trotzdem – ich schätze das „nach oben",

> ➢ Wohl das Nach-oben-wollen.

nicht aber die Harmonie,

> ➢ Im Wö. d. dt. Spr. v. Be. hat „Harmonie" an zweiter Stelle die Bedeutung von „Einklang, Eintracht, gute Übereinstimmung".

die am relativen Nachmittag geboren wurde,

> ➢ Im Textzusammenhang ist mit „relativem Nachmittag" wohl der Lebensnachmittag gemeint, denn im Wö. d. dt. Spr. v. Be. hat „relativ" an erster

Stelle die Bedeutung von „auf etwas be-
zogen, im Verhältnis zu etwas stehend".
in den Schuhen der Zeit.

> „Allgemein deutet der Schuh auf die
> geistige oder seelische Einstellung des
> Träumenden hin. Der Schuh zeigt des-
> sen Standort an ..." (Günter Harnisch).
> – Im Wö. d. dt. Spr. v. Be. hat „Zeit"
> an vierter Stelle die Bedeutung von
> „Epoche, Zeitalter".

Bestrebungen!

Warum komme ich nicht zu ulkigen Gesetzen, ich
meine die Gesetze des Ulks? Was muss man tun,
um, die Zweckmäßigkeit des Alltags überwindend zu Wortkombinationen zu kommen, die
lächerlich wirken.

Das ist schwer und vorerst Neuland!

Voraussetzung ist natürlich die unnatürliche
Kombination,

> ... die unnatürliche Kombination von
> Worten

die nicht verständnisvoll gehört und verarbeitet
wird, die nicht eine konventionelle ernste Reak-

tion hervorruft. Jedenfalls meine ich für den Anfang, die Kombination muss harmlos sein wie ein
Witz, nicht beleidigend und etwas aufreizend.

> ➢ Ich bewunderte und bewundere auch
> heute noch Menschen, die es fertigbrin-
> gen, auf eine harmlose Art und Weise
> mit ihren Worten ihre Zuhörer zum
> Lachen zu bringen.

***Das ist Philosophie in drei Worten, also voll-
kommen gegenstandslos für die anspruchsvolle
Diskussion!***

> ➢ Im Wö. d. dt. Spr. v. Be. wird „Philoso-
> phie" definiert als „Lehre vom Sein,
> vom Ursprung und Wesen der Dinge,
> vom Denken, Streben nach Erkenntnis
> und Wahrheit".

Ich bin müd', ich geh' ins Bett,
der Tag, er war im Ganzen nett.
Trotzdem vom Himmel hat's gegossen,
mich hat es heut' mal nicht verdrossen.

Stille Nacht. Lumumba.

> ➢ Wohl zurückkommend auf Tagebuchtex-
> te Dezember 1960. – Lumumba setzte
> sich ein für die Befreiung des Kongo aus

der Kolonialherrschaft und wurde 1961 von seinen Gegnern gefoltert und ermordet. Die Umstände seines Todes wurden lange Zeit verheimlicht. – Synonyme für „still" sind nach dem Duden unter anderem „verschwiegen, schweigsam, stumm".

Braunkopf von besonderer Güte im Edeka-Fachgeschäft.

➢ Der Butterpilz hat einen braunen Kopf.

Kauft, Leute, kauft Braunkopf!

➢ Zurückkommend auf den Anfang des Tagebucheintrags.

4. Januar 1961 (und 3. Januar)

Es ist im Allgemeinen üblich, im Tagebuch das am Tag Erlebte und seine Reflexionen wiederzugeben. Da ich aber gestern zu faul und zu voll war, um Eintragungen zu machen, hole ich es jetzt nach.

(3. Januar:) Gearbeitet, abends im Forstwald gewesen. Saarbrücker Bekannten besucht, der mit mir am Montag zurückfährt. Anschließend bis nahezu 24:00 Uhr bei H. Dort die Trunkenheit verursachenden Schnäpse getrunken. Interessant geredet. H. ist ungemein an philosophischen Gedanken interessiert. Hatte nachher keine Lust mehr, weil das, was er von mir als Begründung hören wollte, die Interpretation des Erhaltungssatzes, in meiner Vorstellung wohl vorhanden, aber ungenügend durchgearbeitet ist. Infolgedessen wurde das Gespräch für mich, der sich zu zerlegen hatte, abgründig schwierig. Man muss sich auf so was vorbereiten, zumal bei einem Gesprächspartner, der in seiner Ideenrichtung nicht parallel liegt.
H. war sehr nett, hat sich für meinen Geschmack in seinem Äußeren positiv verändert. Er hat so etwas Knabenhaftes, Offenes entwickelt, das ansprechend ist und viele Erwartungen zulässt. Nur seine Ansicht über Ehe, Kinder, Familie ist

katastrophal. Vielleicht ändert sich das, wenn er älter wird.

Heute war ich nach Düsseldorf. H.J. hatte vorher angerufen, um eine Auskunft über Erlangen zu erhalten. In Düsseldorf holte ich die Plastik bei K. Sie hat einen Riss wie ihre Vorgänger. Woran mag das liegen? Am Ton, am Schicksal, ist es ein Zeichen der Lüge, des Selbstbetrugs? Jedenfalls aber ist es eine Schweinerei, das ist sicher.
Nach K. fuhr ich dann, um dort H. zu treffen, fand aber nur Fräulein B. im trauten Familienkreis versammelt. Ich holte fünf Flaschen Bier, die ich zum größten Teil allein trank, weil Fräulein B. und P. nun einmal keine Bierkonsumenten sind. B., der später kam, kompensierte diesen Miss-klang etwas. Wir blieben bis 24:00 Uhr. Zeigte auf der Rückfahrt dem B.'schen Volkswagen mit meiner Isetta den Weg nach Oberkassel und ent-schwand eiligst – eingedenk meiner tragisch-komischen Vergangenheit – in Richtung Krefeld. Versprach, ihr zu schreiben: Fürstenweg 14. Wie einfach!

Erläuterungen

Es ist im Allgemeinen üblich, im Tagebuch das am Tag Erlebte und seine Reflexionen wiederzugeben. Da ich aber gestern zu faul und zu voll war, um Eintragungen zu machen, hole ich es jetzt nach.

(3. Januar:) Gearbeitet, abends im Forstwald gewesen. Saarbrücker Bekannten besucht, der mit mir am Montag zurückfährt. Anschließend bis nahezu 24:00 Uhr bei H.

 ➢ *Bei meinem Freund H.*

Dort die Trunkenheit verursachenden Schnäpse getrunken. Interessant geredet. H. ist ungemein an philosophischen Gedanken interessiert. Hatte nachher keine Lust mehr, weil das, was er von mir als Begründung hören wollte, die Interpretation des Erhaltungssatzes, in meiner Vorstellung wohl vorhanden, aber ungenügend durchgearbeitet ist. Infolgedessen wurde das Gespräch für mich, der sich zu zerlegen hatte, abgründig schwierig. Man muss sich auf so was vorbereiten, zumal bei einem Gesprächspartner, der in seiner Ideenrichtung nicht parallel liegt.

H. war sehr nett, hat sich für meinen Geschmack in seinem Äußeren positiv verändert. Er hat so etwas Knabenhaftes, Offenes entwickelt, das ansprechend ist und viele Erwartungen zulässt.

Nur seine Ansicht über Ehe, Kinder, Familie ist katastrophal. Vielleicht ändert sich das, wenn er älter wird.

Heute war ich nach Düsseldorf. H.J. hatte vorher angerufen,

> ➢ *H.J., ein Klassenkamerad vom Abendgymnasium*

um eine Auskunft über Erlangen zu erhalten. In Düsseldorf holte ich die Plastik bei K.

> ➢ *K., ein Schulfreund vom Abendgymnasium*

Sie hat einen Riss wie ihre Vorgänger. Woran mag das liegen? Am Ton, am Schicksal, ist es ein Zeichen der Lüge, des Selbstbetrugs? Jedenfalls aber ist es eine Schweinerei, das ist sicher.

Nach K. fuhr ich dann,

> ➢ *P.K., ein Klassenkamerad vom Abendgymnasium*

um dort H. zu treffen, fand aber nur Fräulein B.

> ➢ *E.B., eine Klassenkameradin vom Abendgymnasium*

im trauten Familienkreis versammelt. Ich holte fünf Flaschen Bier, die ich zum größten Teil allein trank, weil Fräulein B. und P. nun einmal keine Bierkonsumenten sind. B.,

➤ *B., ein jüngerer Halbbruder von P.K.*

der später kam, kompensierte diesen Missklang etwas. Wir blieben bis 24:00 Uhr. Zeigte auf der Rückfahrt dem B.'schen Volkswagen mit meiner Isetta den Weg nach Oberkassel und entschwand eiligst – eingedenk meiner tragisch-komischen Vergangenheit –

➤ *Nämlich eingedenk eines Kusses, den mir G. nicht verzeihen konnte.*

in Richtung Krefeld. Versprach, ihr zu schreiben: Fürstenweg 14. Wie einfach!

5. Januar 1961

Ich finde, der Tag geht zu Ende. Und – welch ein Zufall! – mit ihm das Buch und eine große, verzehrende Hoffnung, eine Hoffnung, die wert war, sie täglich neu zu haben, sie auszuträumen in eine letzte Erfüllung. Ich mag nicht beleidigen – es trifft mich und tut weh. Das Übel war, wir haben uns nie verstanden, obwohl im Grunde eine selten gemeinsame Linie vorhanden war. Nur, dass sie von verschiedenen Anschauungen herkam. Ich habe alles versucht, ich habe geliebt, ich habe schreckliche Zeiten und schönste Augenblicke erlebt, ein böiger Wind, leer, der Wolken vor sich her treibt, und Sonne, ein pausenloser Wechsel von Hitze und Kälte, dem das Stärkste nicht gewachsen ist. Zu Ende ist alles. Und trotzdem, der Gedanke daran macht mich wahnsinnig. Ein Missverständnis? Ein wahnsinnig großes Missverständnis? Eine Unglaublichkeit! Ein Gelächter! Es wird nur der Zufall noch können, dass wir zusammenkommen, nur ihm ist das überlassen, was wir für uns selbst von dem großen Glück erträumt haben. Nur ihm, denn ich bin rausgeschmissen worden und bereue, auf Wiedersehen gesagt zu haben zu etwas, das Polemik heißt.

Aufgliederung des Textes

Ich finde, der Tag geht zu Ende. Und – welch ein Zufall! – mit ihm das Buch und eine große, verzehrende Hoffnung, eine Hoffnung, die wert war, sie täglich neu zu haben, sie auszuträumen in eine letzte Erfüllung. Ich mag nicht beleidigen – es trifft mich und tut weh. Das Übel war, wir haben uns nie verstanden, obwohl im Grunde eine selten gemeinsame Linie vorhanden war. Nur, dass sie von verschiedenen Anschauungen herkam. Ich habe alles versucht, ich habe geliebt, ich habe schreckliche Zeiten und schönste Augenblicke erlebt ...

Ein böiger Wind, leer, der Wolken vor sich her treibt, und Sonne!

... ein pausenloser Wechsel von Hitze und Kälte, dem das Stärkste nicht gewachsen ist.

Zu Ende ist alles. Und trotzdem, der Gedanke daran macht mich wahnsinnig. Ein Missverständnis? Ein wahnsinnig großes Missverständnis? Eine Unglaublichkeit! Ein Gelächter! Es wird nur der Zufall noch können, dass wir zusammenkommen. Nur ihm ist das überlassen, was wir für uns selbst von dem großen Glück erträumt haben. Nur ihm, denn ich bin rausgeschmissen worden und bereue, auf Wiedersehen gesagt zu haben zu etwas, das Polemik heißt.

Deutung

Ich finde, der Tag geht zu Ende. Und – welch ein Zufall! – mit ihm das Buch

➢ *Nämlich das Tagebuch*

und eine große, verzehrende Hoffnung, eine Hoffnung, die wert war, sie täglich neu zu haben, sie auszuträumen in eine letzte Erfüllung.

➢ *Gemeint ist meine Beziehung zu G.*

Ich mag nicht beleidigen – es trifft mich und tut weh. Das Übel war, wir haben uns nie verstanden, obwohl im Grunde eine selten gemeinsame Linie vorhanden war. Nur, dass sie von verschiedenen Anschauungen herkam. Ich habe alles versucht, ich habe geliebt, ich habe schreckliche Zeiten und schönste Augenblicke erlebt …

Ein böiger Wind,

➢ *Wohl inspiriert, denn die Symbolsprache war mir damals noch nicht bekannt. – „… Oft ist der Wind Hinweis auf starke geistige Energien. […] Wo eine starke geistige Bewegtheit einsetzt,*

dort teilt sie sich oft im Traum als herannahender Sturm mit ...“ (Günter
Harnisch)

leer,

> Im Wörterbuch der deutschen Sprache
> von Bertelsmann (Wö. d. dt. Spr. v. Be.)
> hat „leer“ an dritter Stelle (im über-
> tragenen Sinn) die Bedeutung von
> „geistlos, ohne Inhalt“.

der Wolken vor sich her treibt,

> „Dieses Traumbild gibt Hinweis auf die
> gegenwärtige Stimmungslage des
> Träumenden. Weiße Wolken an einem
> blauen Himmel deuten auf Heiterkeit
> und Optimismus. Dunkle Regenwolken
> symbolisieren eine pessimistische oder
> depressive Stimmung. Brauen sich Ge-
> witterwolken zusammen, so stehen hef-
> tige Gefühlsausbrüche bevor.“ (Günter
> Harnisch)

und Sonne!

> Im Wö. d. dt. Spr. v. Be. hat „Sonne“
> an dritter Stelle (im übertragenen Sinn
> und poetisch) die Bedeutung von „etwas

Helles, Warmes, Angenehmes", zum Beispiel „die Sonne des Glücks, der Liebe".

... ein pausenloser Wechsel von Hitze und Kälte,

> „... Im übertragenen Sinne gilt Wärme als Symbol für Anteilnahme, Herzlichkeit, Zuneigung oder Leidenschaft. Nimmt die Wärme ab, so deutet dies auf abkühlende Gefühle. Entwickelt sie sich zur Hitze, so deutet das auf heißes Begehren und Leidenschaft ..." (Günter Harnisch). — Und zu Kälte bzw. Eis heißt es beim gleichen Autor unter anderem: „Eis in der Traumlandschaft informiert über das Einfrieren von Beziehungen, über seelische Kälte und die Gefahr der Vereinsamung des Träumenden ..."

dem das Stärkste nicht gewachsen ist.

Zu Ende ist alles. Und trotzdem, der Gedanke daran macht mich wahnsinnig. Ein Missverständnis? Ein wahnsinnig großes Missverständnis? Eine Unglaublichkeit! Ein Gelächter! Es wird nur der Zufall noch können, dass wir zusammenkommen. Nur ihm ist das überlassen, was wir für uns selbst von dem großen Glück erträumt haben. Nur ihm, denn ich bin rausgeschmissen worden

➤ *Wohl ziemlich übertrieben formuliert.*
und bereue, „auf Wiedersehen" gesagt zu haben zu etwas, das Polemik heißt.

➤ *So würde ich mich heute nicht mehr ausdrücken. Im Wö. d. dt. Spr. v. Be. hat „Polemik" an erster Stelle die Bedeutung von „literarischer oder wissenschaftlicher, meist öffentlich ausgetragenen Streit".*

6. Januar 1961

Über dem Sturm hat das Gewissen des Bergwerks sich selbst vergessen. Sie treten. Dann hat der Nebel sein Gewand verloren und trinkt zum Abendmahl Rotwein am Spieß. Wer weiß das! Ich möchte nicht das höhnische Gelächter, noch die Verunglimpfung meiner Gartennummer. Die hat Blumen mit roten Kelchen des Boykotts, der nicht erinnert wurde. Man sagt, zwei Beine haben die Nacht missbraucht. Und man sagt auch, wo ein Zuhause ist, als der Sonntag die Welt entfremdet hatte, hat der König, Stimmt's, seine Frau verloren. Man gebe sich keine Blöße, spiele mit der Ehrlichkeit, auch wenn man betrunken ist. So ist's. Alles schreit nach Brot, alles möchte die große Lücke, die eine moderne Zeit gerissen hat, wieder schließen. Aber womit? Die schöne Seele. Unverstanden ist sie Betrug, albern. Sie fährt Schlitten bei 20°, kennt keinen Friseur, zerbeißt die Spitze. Das feindliche Lager wird umgangen wie der heiße Brei. Warten wir bis achtzig? Oder kämpfen. Marmelade und Nichterfüllung des Solls, über alles steht dennoch der Mensch in der Breite seiner kausalen Variationen, im Auflodern und in der Neuschöpfung von Gewohnheiten.
Da steht er dann. Seine Schultern ziehen die Erde, seine Augen pinseln die Welt.

Aufgliederung des Textes

Über den Sturm hat das Gewissen des Bergwerks sich selbst vergessen. Sie treten. Dann hat der Nebel sein Gewand verloren und trinkt zum Abendmahl Rotwein am Spieß.

Wer weiß das?!

Ich möchte nicht das höhnische Gelächter, noch die Verunglimpfung meiner Gartennummer. Die hat Blumen mit roten Kelchen des Boykotts, der nicht erinnert wurde. Man sagt, zwei Beine haben die Nacht missbraucht. Und man sagt auch, wo ein Zuhause ist, als der Sonntag die Welt entfremdet hatte, hat der König …

Stimmt's?

… seine Frau verloren. Man gebe sich keine Blöße, spiele mit der Ehrlichkeit, auch wenn man betrunken ist. So ist's! Alles schreit nach Brot, alles möchte die große Lücke, die eine moderne Zeit gerissen hat, wieder schließen. Aber womit?

Die schöne Seele!

Unverstanden ist sie Betrug, albern. Sie fährt Schlitten bei 20°, kennt keinen Friseur, zerbeißt die Spitze. Das feindliche Lager wird umgangen wie der heiße Brei. Warten wir bis achtzig? Oder kämpfen? Marmelade und Nichterfüllung des Solls?

Über allem steht dennoch der Mensch in der Breite seiner kausalen Variationen, im Auflodern und in der Neuschöpfung von Gewohnheiten!

Da steht er dann. Seine Schultern ziehen die Erde, seine Augen pinseln die Welt.

Deutung
 ➢ Tagebucheintrag inspiriert.

Über den Sturm hat das Gewissen des Bergwerks sich selbst vergessen.

 ➢ Zurückkommend auf das Ende meines Tagebucheintrags vom Vortag. — Zu Wind und Sturm schreibt Günter Harnisch unter anderem: „… Oft ist der Wind Hinweis auf starke geistige Energien. […] Wo eine starke geistige Bewegtheit einsetzt, dort teilt sie sich oft im Traum als herannahender Sturm mit …" — Im Wörterbuch der deutschen

Sprache von Bertelsmann (Wö. d. dt. Spr. v. Be.) wird „Gewissen" definiert als „Bewusstsein von Gut und Böse (des eigenen Tuns)". — „Das Bergwerk symbolisiert das seelische Innenleben ..." (Günter Harnisch)

Sie treten.

➢ „Jemandes Gefühle mit Füßen treten" bedeutet nach dem Wö. d. dt. Spr. v. Be. (im übertragenen Sinn) „jemandes Gefühle verletzen, missachten".

Dann hat der Nebel sein Gewand verloren

➢ „Wie der Nebel in der Wirklichkeit genaues Erkennen und Orientierung verhindert, so gilt er auch in der Traumsprache als Symbol für Ungewissheit, Zweifel, Unsicherheit und Sinnestäuschung." (Günter Harnisch). Übersetzt: Damit ist die (meine) Ungewissheit zu Ende.

und trinkt zum Abendmahl Rotwein am Spieß.

➢ Im Textzusammenhang zu verstehen im Sinne von: und trinkt — am Spieß — zum Abendmahl Rotwein. — „Wie am

Spieß schreien" oder „schreien, als ob er am Spieß stäke" hat nach dem Lexikon der sprichwörtlichen Redensarten die Bedeutung von „so laut schreien, als wenn es ans Leben ginge".

Wer weiß das?!

➢ Wer weiß das zu deuten, wer versteht das?! (Nämlich ohne meine Erklärung dazu)

Ich möchte nicht das höhnische Gelächter,

➢ Nämlich, mir damals aber nicht bewusst, das Gelächter seitens der Leser.

noch die Verunglimpfung meiner Gartennummer.

➢ „Der Garten ist im Allgemeinen ein Symbol der partnerschaftlichen Beziehung. Er zeigt Wachstum, Fruchtbarkeit, Lebensfreude an und hat fast immer eine positive Bedeutung. Der gleiche positive Informationswert geht auch von dem Gärtner im Traum aus, der den Garten hegt und pflegt." (Günter Harnisch). – Im Wö. d. dt. Spr. v. Be.

hat „Nummer" an dritter Stelle die Bedeutung von „einzelne Darbietung (im Kabarett, Varieté, Zirkus)".

Die hat Blumen mit roten Kelchen des Boykotts,

➢ „Blumen und Blüten sind allgemein als Symbolbilder für den Gefühlsbereich zu verstehen ..." (Günter Harnisch). Bei „Blumen mit roten Kelchen" denkt man spontan an rote Tulpen. Die Blüte der Tulpe stellt ein Gefäß dar, und der Tulpenstiel kann mit einem Stab oder einer Stange verglichen werden. Zu Gefäß und Stange aber schreibt Günter Harnisch: „In der Traumsprache symbolisieren Gefäße aller Art meist den Leib der Frau und die weibliche Sexualität. Das gilt nicht nur für Gefäße mit runden Formen, sondern ebenso für Dosen, Kästen, Koffer, Körbe, Schachteln und Taschen ..." – „Stäbe, Stangen und Stöcke sind fast immer als Hinweise auf die männliche Sexualität zu verstehen." – „Die Farbe Rot drückt Leidenschaft, Sinnlichkeit, Feuer und gesteigerte Vitalität aus …" (Günter Harnisch). – Im Wö. d. dt. Spr. v. Be. wird „Boykott" definiert als „Verrufserklärung, Waren-, Liefersperre". Retrospektiv und auch in Verbindung mit einem entsprechenden Kommentar aus der Geistigen Welt ist mit dieser Textstelle wohl meine Weigerung gemeint, mit meiner Freundin am Ende meiner Abendgymnasiallzeit bzw. zu Beginn meines Studiums einen Geschlechtsverkehr zu haben, der zu einer Schwangerschaft hätte führen können.

der nicht erinnert wurde.

> An den ich (wohl als Grund für die Auflösung der Beziehung) nicht erinnert wurde. – Synonyme für „erinnern" sind nach dem Duden unter anderem „in Erinnerung bringen, ins Bewusstsein bringen/rufen".

Man sagt, zwei Beine haben die Nacht missbraucht.

> Wohl durch den Boykott. – „Mit den Beinen, dem Fuße ist symbolisch ver-

bunden, was unsern „Lebensgang" betrifft. Die phallische, also sexuelle Bedeutung, welche die Psychoanalyse dem Symbol des Fußes mit Recht auch zuspricht, tritt hinter jenen allgemeinen Gehalt des Fußsymbols als ein Zeichen dessen, womit wir weiterschreiten, zurück." (Ernst Aeppli)

Und man sagt auch, wo ein Zuhause ist, als der Sonntag die Welt entfremdet hatte, hat der König …

Stimmt's?

➢ Zu beziehen auf „als der Sonntag die Welt entfremdet hatte", denn im Textzusammenhang muss es heißen: „als die Welt den Sonntag entfremdet hatte" – „Jemanden jemandem entfremden" bedeutet nach dem Wö. d. dt. Spr. v. Be. „jemanden aus der Beziehung zu jemandem lösen, jemanden für jemanden fremd machen, jemandes Zuneigung zu jemandem verringern".

… seine Frau verloren.

> „Der König im Traum ist ein archetypisches Vatersymbol. Er verkörpert die seelische Gewissensinstanz, die oft wertvolle Hilfe vermitteln kann …" (Günter Harnisch). Diese Symbolbedeutung des Königs und die verbesserte Textstelle zugrunde legend, kann der ganze Satz im Textzusammenhang folgendermaßen frei übersetzt werden: Und man sagt auch, wenn man den Sonntag nicht mehr heiligt, geht die Ehe in die Brüche.

Man gebe sich keine Blöße, spiele mit der Ehrlichkeit,

> Im Textzusammenhang zu verstehen im Sinne von: Das Motto heutzutage lautet: Man gebe sich keine Blöße und nehme es mit der Ehrlichkeit nicht so ernst.

auch wenn man betrunken ist.

> Weil es ja heißt, Kinder und Betrunkene würden die Wahrheit sagen.

So ist's! Alles schreit nach Brot, alles möchte die große Lücke, die eine moderne Zeit gerissen hat, wieder schließen.

> ➤ Mit „große Lücke" ist hier wohl der fehlende Lebenssinn infolge des Materialismus gemeint.

Aber womit?

Die schöne Seele!

> ➤ Wohl zu ergänzen zu: Die schöne Seele bietet sich an! — Im Wö. d. dt. Spr. v. Be. wird „Seele" an erster Stelle definiert als „das Innere des Menschen, das Denken, Fühlen und Empfinden".

Unverstanden ist sie Betrug,

> ➤ Nämlich Betrug seitens der Kirche mit ihrer Glaubenslehre

albern.

> ➤ Nach wissenschaftlichen Erkenntnissen sei es albern,, an eine Seele zu glauben.

Sie fährt Schlitten bei 20°,

> ➤ Sie, nämlich die „schöne Seele", fährt/liegt zum Wintersport im Sommer.

kennt keinen Friseur,

> ➤ Das heißt, sie lässt sich die Haare wachsen. — „Dem Haar wurde zu allen Zeiten bei allen Völkern eine große Bedeu-

tung zugemessen. Das Haar wächst selbst nach dem Tode noch weiter. Es symbolisiert die Lebensvitalität, zu der auch die sexuelle Potenz gehört. Im europäischen Kulturbereich gilt das lange Haar beim Mann seit Jahrtausenden als Zeichen seiner Freiheit ..." (Günter Harnisch)

zerbeißt die Spitze.

> ➢ Hat die Zigarettenspitze zwischen den Zähnen.

Das feindliche Lager wird umgangen wie der heiße Brei.

> ➢ Probleme werden gemieden.

Warten wir bis achtzig?

> ➢ Warten wir, bis dass wir alt sind?

Oder kämpfen?

> ➢ Im Wö. d. dt. Spr. v. Be. wird „kämpfen" definiert als „mit Waffen, Worten oder anderen Mitteln gegen einen Gegner vorgehen, sich für oder gegen etwas einsetzen, etwas zu erreichen, zu verhindern suchen".

Marmelade und Nichterfüllung des Solls?

➢ Im Textzusammenhang zu verstehen im Sinne von: Das Leben genießen und unsere Entwicklung vernachlässigen? – „Marmelade als Brotaufstrich veredelt gleichsam den Brotgenuss. Brot gilt in der Traumsprache als seelische Nahrung. Wer also im Traum Marmeladenbrot isst, der führt sich psychische Energie in geschmackvoll kultivierter Form zu. Erotik kann dabei durchaus eine Rolle spielen, denn Marmelade wird aus Früchten hergestellt. Und Früchte haben in der Sprache der Träume oftmals erotisch-sexuelle Bedeutung". (Günter Harnisch)

Über allem steht dennoch der Mensch in der Breite seiner kausalen Variationen, im Auflodern und in der Neuschöpfung von Gewohnheiten!

Da steht er dann. Seine Schultern ziehen die Erde,

➢ Das heißt, er ist eingespannt in das irdische Geschehen.

seine Augen pinseln die Welt.

92

➢ „Im Volksmund bezeichnet man die Augen als den Spiegel der Seele. Das Auge hat im Traum die Symbolbedeutung eines Bewusstseinsorgans ..." (Günter Harnisch)

In der Unverwüstlichkeit liegt die Erhörung oder im verschwundenen Lagerschuppen. Eins – zwei – drei, im Takt der Melodien – wie nie zuvor. Süß hat den Mai verzaubert, die Menschen tragen lange Gesichter.

Im Anfang war ich selbst, dann Petrus und schließlich machte auch die Milchsuppe das Rennen.

An einem Spiegel stehen drei Personen schon seit zehn Uhr. Draußen, ach ja, draußen strömt Regen. Die Sonne ist weg. Nun ist die Straße nass, nass die Häuser, die Bäume, Mensch und Tier. Eine Spieluhr steht auf dem Sims und spielt eine alte Weise. Ein Handwerksbursche flitzt zur Kneipe und besorgt Bier. Der Spiegel hängt an der richtigen Wand des Zimmers. Als Sinnbild für die Harmonie des Ganzen mag die Lampe gelten. Sie hat fünf Arme. Das Wasser wird von fest drückenden Reifen mit Dynamik verdrängt. Da ist noch ein Stein, der vor Jahren ersatzweise gelegt wurde. Nun, in der Zeit des Spiegels, verformt er sich und wird reparaturbedürftig. Warum wurde das Kind nicht erwähnt. Es steht schon lange vor einem geschlossenen Laden, gleich unten an der Ecke. Die Schaufenster sind verbogen, sie finden seine Aufmerksamkeit. Viele Dinge, bunte Plaketten und Leckereien, die es in Begehrlichkeit verzaubern. Der Spiegel blinkt seine Bilder in eine Zeit. Drei Männer denken an nichts. Ein Auto hupt. Ein Fenster öffnet sich. Eine fragende Stimme. Der Regen strömt schon lange. Als es Abend wird, öffnet das Geschäft. Eine Reihe von Menschen, mit dem Kind zuerst, geht stoßweise vor. Ein Spiegel an der schmutzigen Wand, drei Gesichter ihrer selbst bewundern ihre Lüge. Ein halbes Ohr, die ungeputzten Zähne, dahinter wesensfremd ein Stuhl aus Seide. Eine Glocke bimmelt. Demonstrationen. Die Straße schwimmt im Licht, Bollwerke des Friedens die letzten Schatten – ein Geheul. Das Kind – seine großen Augen verschwinden im Abend. Ein schwarzer Himmel drückt auf die Erde. Keine Assoziation in erster Linie. In zweiter Linie ist es der Spiegel. Die Unruhe wächst. Ich sehe Gestalten des Schwachsinns. Sie animiert der Wind. Fünf Meter Straße, eine Kreuzung. Das Zimmer halb verschwommen, lockendes Licht, eine Frauengestalt ganz tief in Trauer, Verdammnis, die Luft hat gelbe Füße bekommen. Ein Hauch macht ihn trübe. Nächstenliebe. Ein Leder putzt wildes Nass. Drei Ecken im Dunkel, die Mitte hat ausgespielt. Sechs Meter Straße, die Straße wird länger und schließt sich. Kombinationen überall. Unten drei Gesichter, mehr nicht. Leere Augen. Für was. Der Eilzug verlässt die Station. Dicke Tinte. Sie tragen lange Jacken aus Stumpfsinn, ihre Beine sind verborgen. Flackerndes Licht, ein aufgeschlagenes Buch weint. Es wird Mitternacht. Wolken stehen im Sturm. Sie rösten die Nacht in Kälte. Konturen wie Unsinn verschlagen das Los. 4:00 Uhr ticken die Uhren. Der Spiegel hat kaum noch Schein. Vor dem Hintergrund wächst der Schlaf in Blüte. Sechs müde Augen schauen sterbend die flackernde Kerze im Bild. Im Vorhang schlafen die Zeiten, die Nacht geht zum Morgen, im düsteren Licht der Minuten tänzeln die Schatten. Neapel ist ihre Begebenheit. Sie haben nichts als sich selbst verloren, denn im düsteren Schein tänzeln die Schatten für sich selbst.

Aufgliederung des Textes

In der Unverwüstlichkeit liegt die Erhörung!

Oder im verschwundenen Lagerschuppen. Eins – zwei – drei, im Takt der Melodien – wie nie zuvor. Süß hat den Mai verzaubert, die Menschen tragen lange Gesichter.

Im Anfang war ich selbst!

Dann Petrus und schließlich machte auch die Milchsuppe das Rennen.

An einem Spiegel stehen drei Personen, schon seit zehn Uhr. Draußen ...

Ach!

Ja, draußen strömt Regen. Die Sonne ist weg. Nun ist die Straße nass, nass die Häuser, die Bäume, Mensch und Tier. Eine Spieluhr steht auf dem Sims und spielt eine alte Weise. Ein Handwerksbursche flitzt zur Kneipe und besorgt Bier. Der Spiegel hängt an der richtigen Wand des Zimmers.

Als Sinnbild für die Harmonie des Ganzen mag die Lampe gelten!

Sie hat fünf Arme. Das Wasser wird von fest drückenden Reifen mit Dynamik verdrängt. Da ist noch ein Stein, der vor Jahren ersatzweise gelegt wurde. Nun, in der Zeit des Spiegels, verformt er sich und wird reparaturbedürftig.

Warum wurde das Kind nicht erwähnt?

Es steht schon lange vor einem geschlossenen Laden, gleich unten an der Ecke. Die Schaufenster sind verbogen, sie finden seine Aufmerksamkeit. Viele Dinge, bunte Plaketten und Leckereien, die es in Begehrlichkeit verzaubern. Der Spiegel blinkt seine Bilder in eine Zeit. Drei Männer denken an nichts. Ein Auto hupt. Ein Fenster öffnet sich. Eine fragende Stimme. Der Regen strömt schon lange. Als es Abend wird, öffnet das Geschäft. Eine Reihe von Menschen, mit dem Kind zuerst, geht stoßweise vor. Ein Spiegel an der schmutzigen Wand, drei Gesichter ihrer selbst bewundern ihre Lüge: Ein halbes Ohr, die ungeputzten Zähne, dahinter, wesensfremd, ein Stuhl aus Seide. Eine Glocke bimmelt. Demonstrationen. Die Straße schwimmt im Licht, Bollwerke des Friedens die letzten Schatten. – Ein Geheul. Das Kind – seine großen Augen verschwinden im Abend. Ein schwarzer Himmel drückt auf die Erde.

Keine Assoziation in erster Linie! In zweiter Linie ist es der Spiegel!

Die Unruhe wächst. Ich sehe Gestalten des Schwachsinns. Sie animiert der Wind. Fünf Meter Straße, eine Kreuzung. Das Zimmer halb verschwommen, lockendes Licht, eine Frauengestalt ganz tief in Trauer ...

Verdammnis!

Die Luft hat gelbe Füße bekommen. Ein Hauch macht ihn trübe.

Nächstenliebe!

Ein Leder putzt wildes Nass. Drei Ecken im Dunkel, die Mitte hat ausgespielt. Sechs Meter Straße, die Straße wird länger und schließt sich. Kombinationen überall. Unten drei Gesichter, mehr nicht. Leere Augen. Für was? – Der Eilzug verlässt die Station.

Dicke Tinte!

„Sie tragen lange Jacken aus Stumpfsinn, ihre Beine sind verborgen, flackerndes Licht", ein aufgeschlagenes Buch weint. Es wird Mitternacht. Wolken stehen im Sturm. Sie rösten die Nacht in Kälte. – Konturen wie Unsinn, verschlagen.

Das Los!

„4:00 Uhr" ticken die Uhren. Der Spiegel hat kaum noch Schein. Vor dem Hintergrund wächst der Schlaf in Blüte. Sechs müde Augen schauen sterbend die flackernde Kerze im Bild.

Im Vorhang schlafen die Zeiten. Die Nacht geht zum Morgen, im düsteren Licht der Minuten tänzeln die Schatten. Neapel ist ihre Begebenheit. Sie haben nichts als sich selbst verloren, denn im düsteren Schein tänzeln die Schatten für sich selbst.

Deutung

➤ Tagebucheintrag inspiriert

In der Unverwüstlichkeit liegt die Erhörung!

➤ Zurückkommend auf das Ende meines Tagebucheintrags vom Vortag. – Nach dem Wörterbuch der deutschen Sprache von Bertelsmann (Wö. d. dt. Spr. v. Be.) hat „unverwüstlich" die Bedeutung von „viel ertragend, nicht zerstörbar". – „Jemanden erhören" hat im gleichen Wörterbuch die Bedeutung von „jemandes Bitte erfüllen", zum Beispiel „der Himmel hat ihr Flehen erhört".

Oder im verschwundenen Lagerschuppen.

➤ Im Wö. d. dt. Spr. v. Be. hat „erhören" an zweiter Stelle (gehoben; veraltet) die Bedeutung von „einer Werbung nachgeben", zum Beispiel „sie hat ihren Freund endlich erhört".

Eins – zwei – drei,

➤ Im Textzusammenhang sicherlich symbolisch zu verstehen. – „Die Eins als Zahl deutet in der Traumsprache auf eine ursprüngliche, ungeteilte Einheit hin. Sie symbolisiert oft das Einfache, Feste, die Ausgangssituation. Manchmal ist aber auch die ranghöchste Stellung mit diesem Traumbild gemeint." (Günter Harnisch). – „Die Eins ist die erste Zahl der Manifestation Gottes. Mit ihr tritt Er aus Seiner Verborgenheit hervor, und mit ihr beginnt die Schöpfung. Mit und aus der Eins gebiert sich die Welt …" (Heinrich Elijah Benedikt in „Die Kabbala"). – „In der Traumbedeutung der Zahlensymbolik deutet die Zwei auf Gegensätzlichkeit und Widersprüchlichkeit, aber auch auf Ausgleich und Auflösung der Gegensätze hin." (Günter Harnisch). – „Ist die Eins die Zahl des allumfassenden, unteilbaren Bewusstseins Gottes, der Wahrheit und des Lebens, so ist die Zwei Ausdruck der Erscheinungsform der sich in Seinem Bewusstsein als Gedanke fortsetzenden Welt …" (Heinrich Elijah Benedikt in ‚Die Kabbala'). – „Seit dem Altertum gilt die Drei als magische Zahl. In Indien sind Brahma, Vishnu und Shiva eine göttliche Dreiheit. Auch altägyptische und die christlichen Religionen gehen von der Dreifaltigkeit Gottes aus. [...] Sie ist Symbol des Geistes und der schöpferischen Dynamik." (Günter Harnisch). – „Drei ist die Zahl des Geistes ..." (Heinrich Elijah Benedikt in „Die Kabbala")

im Takt der Melodien –

> Zu Melodie beziehungsweise Musik schreibt Günter Harnisch: „Wie in der Wirklichkeit, so hat Musik auch im Traum einen starken Bezug zum Gefühlsbereich. Für die Deutung ist besonders darauf zu achten, welche Wirkung die Musik auf die Gefühle und auf die Stimmung des Träumenden ausübt. Die Art der Musik kennzeichnet oft das Thema des Traums."

wie nie zuvor.

> Wohl wie nie zuvor in der individuellen Entwicklung

Süß hat den Mai verzaubert,

> ➢ Im Wö. d. dt. Spr. v. Be. hat „süß" an dritter Stelle (im übertragenen Sinn) die Bedeutung von „anziehend, so, dass man es gern haben muss, hübsch anzusehen, nett, lieb im Wesen". – Synonyme für „Mai" sind nach dem Duden unter anderem „Wonnemonat, Wonnemond". – Im Wö. d. dt. Spr. v. Be. hat „verzaubern" an erster Stelle (im Märchen) die Bedeutung von „durch Zauber verwandeln".

die Menschen tragen lange Gesichter.

> ➢ Nach dem Wö. d. dt. Spr. v. Be. steht „ein langes Gesicht machen" umgangssprachlich für „ein enttäuschtes Gesicht machen".

Im Anfang war ich selbst!

> ➢ Im Prolog des Johannesevangeliums heißt es zu Beginn: „Im Anfang war das Wort und das Wort war bei Gott, und das Wort war Gott. Im Anfang war es bei Gott. Alles ist durch das Wort ge-

worden und ohne das Wort wurde nichts, was geworden ist."

Dann Petrus

> „Du bist Petrus, und auf diesem Felsen will ich meine Kirche bauen, und die Pforten der Hölle sollen sie nicht überwältigen." (Matthäus 16, 18)

und schließlich machte auch die Milchsuppe das Rennen.

> „Milch im Traum deutet auf den nährenden und sorgenden Aspekt des Weiblichen hin. Im übertragenen Sinne bedeutet Milch, die jemand im Traum trink, eine Zufuhr von Wissen und Erkenntnis. Diese Bedeutung drückt sich beispielsweise in der alten Bezeichnung Alma Mater – das bedeutet im Lateinischen soviel wie nährende Mutter – für die Universität aus." (Günter Harnisch). – Zu Suppe schreibt Georg Fink: „Ein Kraftpaket für den Träumer, wenn er sie mit Appetit auslöffelt. Isst er sie nur mit Überwindung, muss er im Wachleben wahrscheinlich die Suppe auslöffeln,

die er sich selbst eingebrockt hat ..." –
„Er hat das Rennen gemacht" bedeutet
nach dem Wö. d. dt. Spr. v. Be. „er hat
den Sieg davongetragen, er hat sich
durchgesetzt".

An einem Spiegel stehen drei Personen,
> „In den Märchen hat der Spiegel magi-
sche Bedeutung. Er zeigt Verborgenes
und künftiges Geschehen. Im Traum hat
er die Bedeutung eines Seelenspiegels ..."
(Günter Harnisch). – „Alle im Traum
auftretenden Personen können bestimmte Aspekte der Persönlichkeit des
Träumenden wiedergeben ..." (Günter
Harnisch). – „Seit dem Altertum gilt
die Drei als magische Zahl. In Indien
sind Brahma, Vishnu und Shiva eine
göttliche Dreiheit. Auch altägyptische
und die christlichen Religionen gehen
von der Dreifaltigkeit Gottes aus. [...]
Sie ist Symbol des Geistes und der
schöpferischen Dynamik." (Günter Harnisch)

schon seit zehn Uhr.

> „In der Zahlensymbolik der Träume be-
> deutet die Zehn einen Neuanfang. Ein
> neuer Lebens- und Entwicklungsab-
> schnitt beginnt, so wie nach der Neun
> die Zahlenreihe mit der Eins wieder von
> vorn anfängt, wenn auch um eine Stelle
> verschoben." (Günter Harnisch)

Draußen ...

Ach!

Ja, draußen strömt Regen.

> „Der Regen ist ein Fruchtbarkeitssym-
> bol. Er hat vorwiegend die Bedeutung
> einer geistigen Befruchtung im Sinne
> von neuen und schöpferischen Ideen.
> Manchmal ist dieses Symbol aber auch
> Ausdruck von Traurigkeit oder depres-
> siver Stimmung." (Günter Harnisch)

Die Sonne ist weg.

> „Die Sonne ist eines der positivsten
> Traumsymbole. Sie kennzeichnet im
> Traum stets produktive schöpferische
> Energie, die künstlerische Ideen oder

Bewusstseinsprozesse in Gang bringt." (Günter Harnisch). – „Die positive (männliche) Kraft der Seele, Energiesymbol des Lebens, des Schöpferischen, des Befruchtenden, denn in den meisten Kulturen wird die Sonne als männlich angesehen. Wo sie im Traum aufgeht, da ist Erfolg in allen Lebensbereichen zu erwarten. Wo sie untergeht, mündet eine Glücksphase ins Alltägliche. Die leuchtende Kraft der Sonne erhellt unser Bewusstsein und macht uns für neue und gute Taten bereit ..." (Georg Fink). – „... Das leuchtendste und größte Energiesymbol ist die Sonne. Wo sie im Traum aufgeht, ist stärkste Wirkung, ist ein tätiger Morgen zu erwarten. Nur in den Wüstenträumen kann die sengende Glut dem Wanderer den Tod bringen. Sonst aber ist sie die Bringerin des Lebens, des Schöpferischen, Befruchtenden. Sonnenuntergänge aber sind im Traum meist von negativer Bedeutung, eine Bewusstseinsphase geht zu Ende." (Ernst Aeppli). – „... Betrachten wir die Sonne (Orange) und die Erde (Blau), so finden wir in ihnen Urbild und Vorbild des Liebens. Das war auch der Inhalt der Sonnenreligion Altägyptens und wird auch die Religion des Wassermannzeitalters, des Evangeliums der Sonne sein." (Heinrich Elijah Benedikt)

Nun ist die Straße nass,

> „Straßen oder Wege erscheinen im Traum als Symbole des Lebenswegs ..." (Günter Harnisch)

nass die Häuser, die Bäume,

> „Das Haus stellt im Traum das Gehäuse der Seele dar ..." (Günter Harnisch). – „Der Baum ist ein archetypisches Symbol des Lebens, wie es sich in den Begriffen Lebensbaum und Stammbaum niederschlägt. Als Traumsymbol deutet der Baum meist auf die persönliche Entwicklung und das Wachstum des Träumenden hin. Er kann aber auch auf die Familiensituation über mehrere Ge-

nerationen hinweisen ..." (Günter Harnisch)

Mensch und Tier.

> Im Wö. d. dt. Spr. v. Be. wird Mensch
an erster Stelle definiert als ein „(innerhalb der Klasse der Säugetiere zur
Ordnung der Primaten gehörendes) Lebewesen mit der höchsten Entwicklung
des Gehirns, der Fähigkeit zur Sprache
und zu logischem Denken". – Im gleichen Wörterbuch hat „Tier" an erster
Stelle die Bedeutung von „(meist) frei-
bewegliches Lebewesen, das (im Unter-
schied zu den Pflanzen) auf organische
Nahrung angewiesen ist".

Eine Spieluhr steht auf dem Sims und spielt eine
alte Weise. Ein Handwerksbursche flitzt zur
Kneipe und besorgt Bier.

> „Alle im Traum auftauchenden Perso-
nen können bestimmte Aspekte der
Persönlichkeit des Träumenden spiegeln.
Während Feinde auf negative Eigenschaften und Handlungen hinweisen,
verkörpern Freunde die positiven und

vertrauten Seiten der Persönlichkeit ..."
(Günter Harnisch)

Der Spiegel hängt an der richtigen Wand des Zimmers.

> Im Wö. d. dt. Spr. v. Be. hat „richtig" an erster Stelle die Bedeutung von „der Wirklichkeit, den Tatsachen entsprechend". – Zu „Zimmer" schreibt Georg Fink unter anderem: „Das Innerste des Hauses, übersetzt: des eigenen Ich ..."

Als Sinnbild für die Harmonie des Ganzen mag die Lampe gelten!

> Im Wö. d. dt. Spr. v. Be. hat „Harmonie" an zweiter Stelle die Bedeutung von „Einklang, Eintracht, gute Übereinstimmung". – „Das Bild der Lampe oder Laterne findet sich öfters in den Märchen. Es erscheint dort stets, wenn die Handlung darauf zielt, dass dem Helden ein Licht aufgehen soll, oder wenn das Aufgehen eines solchen Lichtes unmittelbar bevorsteht. Im Traum deutet das Bild eines Lichts, einer Lampe oder Laterne darauf hin, dass ein

dem Träumenden unbewusstes Problem sich dem Bewusstsein nähert." (Günter Harnisch)

Sie hat fünf Arme.

> „Die nächste Zahl, die Fünf, weist als ungerade Zahl wieder auf die Einheit. Sie ist die Lösung und Erlösung der durch die Vier verkörperten Gegensätzlichkeit. Sie erlöst uns vom Kreuz. [...] Die Fünf entspricht also der Einweihung, der inneren Erfahrung der ‚Taufe‘, dem Beginn des geistigen Weges und der Verwirklichung ..." (Heinrich Elijah Benedikt in „Die Kabbala")

Das Wasser wird von fest drückenden Reifen mit Dynamik verdrängt.

> Nämlich von Autoreifen auf der regennassen Straße. – „Das Wasser symbolisiert im Traum unbewusste seelische Energie ..." (Günter Harnisch). – Zu „Auto" heißt es beim gleichen Autor unter anderem: „Seine Symbolbedeutung im Traum ist die eines individuellen Transportmittels. Es verkörpert

auch die motorische Energie, die Lebenskraft seines Besitzers ..."

Da ist noch ein Stein, der vor Jahren ersatzweise gelegt wurde.

> In meinen inspirierten Tagebuchtexten vergleiche ich uns Menschen bzw. werden wir Menschen des Öfteren mit Steinen verglichen, die ja wie wir körperlich aus Materie bestehen und die dazu im übertragenen Sinn Aspekte unseres seelisch-geistigen Verhaltens darstellen.

Nun, in der Zeit des Spiegels,

> Zurückkommend auf obige Textstelle „An einem Spiegel stehen drei Personen, schon seit zehn Uhr." – „In den Märchen hat der Spiegel magische Bedeutung. Er zeigt Verborgenes und künftiges Geschehen. Im Traum hat er die Bedeutung eines Seelenspiegels ..." (Günter Harnisch)

verformt er sich und wird reparaturbedürftig.

Warum wurde das Kind nicht erwähnt?

> „Das Kind im Traum symbolisiert neue Möglichkeiten. Es gilt für gewöhnlich als sehr positives Traumsymbol ...“ (Günter Harnisch)

Es steht schon lange vor einem geschlossenen Laden,

> Im Wö. d. dt. Spr. v. Be. hat „Laden“ an erster Stelle die Bedeutung von „Geschäft“ und an zweiter Stelle (im übertragenen Sinn und umgangssprachlich) von „Sache, Angelegenheit“. Zu „Laden“ bzw. „Kaufhaus“ heißt es bei Günter Harnisch unter anderem: „Dieses Traumsymbol gilt als Zeichen für die Erinnerungen, Erfahrungen und Wünsche des Träumenden ...“

gleich unten an der Ecke.

> Ein Synonym für Ecke ist nach dem Duden unter anderem „Kreuzung“.

Die Schaufenster sind verbogen,

> Nämlich an der „Ecke“. – Synonyme für „verbogen“ sind nach dem Duden unter anderem „gebogen, gekrümmt, krumm, nicht gerade“.

sie finden seine Aufmerksamkeit. Viele Dinge, bunte Plaketten und Leckereien, die es in Begehrlichkeit verzaubern.

> *Nämlich das Kind*

Der Spiegel blinkt seine Bilder in eine Zeit.

> *„Bilder jeder Art beziehen sich immer auf die Persönlichkeitsstruktur des Träumenden ..."* (Günter Harnisch). — *„in eine Zeit"* ist im Textzusammenhang sicherlich zu beziehen auf obige Angabe: *„schon seit zehn Uhr."*

Drei Männer denken an nichts.

> *Nämlich die oben angeführten drei Personen am Spiegel. — Im Wö. d. dt. Spr. v. Be. hat „Nichts" an erster Stelle (philosophisch) die Bedeutung von „Fehlen von Sein, Leere" und an zweiter Stelle von „Geringfügigkeit, Wertloses".*

Ein Auto hupt.

> *„Auto" ist abgeleitet vom griechischen Wort „autos", das „selbst" bedeutet. — Nach dem Wö. d. dt. Spr. v. Be. hat „hupen" die Bedeutung von „mit der Hupe ein Signal geben".*

Ein Fenster öffnet sich.

➢ In meinem Tagebucheintrag vom 13. Januar 1961 heißt es, an die Leser gerichtet: „Sehen Sie, das Fenster ist blind!" Mit letzterem war ich gemeint. Und „Der Traumdeuter.ch" schreibt zu Fenster unter anderem: „<u>Psychologisch</u>: Der Träumende nimmt nicht direkt am Geschehen des Lebens teil, er befindet sich eher in der Rolle des Beobachters." – „Sich jemandem oder einer Sache öffnen" bedeutet nach dem Wö. d. dt. Spr. v. Be. „sich jemandem oder einer Sache innerlich und äußerlich zuwenden, Interesse für jemanden oder eine Sache zeigen oder gewinnen", zum Beispiel „sich der Kunst öffnen".

Eine fragende Stimme.

➢ Also eine (meine) Stimme, die Fragen stellt.

Der Regen strömt schon lange.

➢ „Der Regen ist ein Fruchtbarkeitssymbol. Er hat vorwiegend die Bedeutung einer geistigen Befruchtung im Sinne von neuen und schöpferischen Ideen.

Manchmal ist dieses Symbol aber auch Ausdruck von Traurigkeit oder depressiver Stimmung." (Günter Harnisch)

Als es Abend wird, öffnet das Geschäft.

> „Der Abend als Landschaftsbild oder als Stimmungslage ist meist ein Zeichen für den Träumenden, dass er sich in seinem Traum dem Bereich des Unbewussten nähern wird ..." (Günter Harnisch)

Eine Reihe von Menschen, mit dem Kind zuerst, geht stoßweise vor.

> Im Wö. d. dt. Spr. v. Be. hat „vorgehen" an erster Stelle die Bedeutung von „nach vorn gehen" und an siebenter Stelle von „(planmäßig) handeln".

Ein Spiegel an der schmutzigen Wand,

> Nämlich, im Textzusammenhang, an der Zimmerwand. — „Das Haus stellt im Traum das Gehäuse der Seele dar. Entsprechend informieren die einzelnen Räume über die verschiedenen seelischen Funktionen ..." (Günter Harnisch)

drei Gesichter ihrer selbst bewundern ihre Lüge:

> Nämlich im Spiegel

Ein halbes Ohr,

116

> Nämlich nur ein nach außen hörendes Ohr zu haben. – „Erlebt man im Traum Bilder von aufmerksam lauschenden Ohren, ohne gleichzeitig Geräusche zu hören, so deutet dies auf eine intensive Beschäftigung mit der eigenen Person hin. Der Träumende horcht in sich hinein und denkt über seine innerpsychischen Vorgänge nach ...“ (Günter Harnisch)

die ungeputzten Zähne,

> Nämlich dass die ungeputzten Zähne nur ungeputzte Zähne seien, denn „Zahnträume deuten auf die Thematik der Lebensvitalität hin. Mit dem Ausfallen der Zähne im Alter verbindet sich die Vorstellung von Potenzverlust nicht nur im sexuellen Bereich.“ (Günter Harnisch). – „Fast eindeutig sexuell sind Zahnträume ...“. (Ernst Aeppli)

dahinter, wesensfremd, ein Stuhl aus Seide.

> Im Wö. d. dt. Spr. v. Be. hat „wesensfremd“ an erster Stelle die Bedeutung von „jemandes Wesen fremd“. – Syno-

> nyme für Stuhl sind nach „SYNONY-
> ME.DE" unter anderem „Sitzgelegen-
> heit, Platz, Residenz". – Zu „Seide"
> schreibt Günter Harnisch unter ande-
> rem: „Dieses Traumbild deutet auf hohe
> Lebensansprüche hin und auf die Nei-
> gung, sich mit Luxus zu umgeben. Die
> genauere Bedeutung ergibt sich aus dem
> Traumzusammenhang ..."

Eine Glocke bimmelt.

> ➤ „Große Glocken symbolisieren Bestän-
> digkeit, Zuverlässigkeit, Feierlichkeit
> und Religiosität. Glöckchen, Handglo-
> cken und Schellen verweisen mehr auf
> Lebensfreude, spielerische Leichtigkeit,
> Lebensgenuss." (Günter Harnisch)

Demonstrationen. Die Straße schwimmt im Licht,
Bollwerke des Friedens die letzten Schatten.

> ➤ Nämlich die letzten Schatten im ange-
> führten „Licht" der „Straße". – Im Wö.
> d. dt. Spr. v. Be. hat „Frieden" an
> zweiter Stelle die Bedeutung von „Zu-
> stand innerer Ruhe und Ausgeglichen-

118

heit (des Menschen und zwischen Menschen), Eintracht".

Ein Geheul.

> Im Wö. d. dt. Spr. v. Be. wird „Geheul"
definiert als „das Heulen". – Synonyme
für „Geheul" sind nach Thesaurus „Geschrei, Gebrüll, Gejammer, Klage".

Das Kind – seine großen Augen verschwinden im
Abend.

> Wohl mit einem Bezug zur obigen Text-
stelle: „Als es Abend wird, öffnet das
Geschäft. Eine Reihe von Menschen, mit
dem Kind zuerst, geht stoßweise vor." –
„Im Volksmund bezeichnet man die Augen als den Spiegel der Seele. Das Auge
hat im Traum die Symbolbedeutung eines Bewusstseinsorgans ..." (Günter
Harnisch)

Ein schwarzer Himmel drückt auf die Erde.

> Mit „schwarzer Himmel" ist sicherlich
der kosmische Raum mit seiner
Schwärze gemeint. – „Schwarz ist im
Traum das Signal für einen seelischen
Stillstand, auch für Trauer und Tod ..."
(Günter Harnisch). – Synonyme für

„drücken" sind nach dem Duden unter anderem „bedrücken, bekümmern, belasten, betrüben, beunruhigen, deprimieren, mit Kummer/Sorge erfüllen". – Im Wö. d. dt. Spr. v. Be. hat „Erde" an zweiter Stelle die Bedeutung von „trockene Landmasse der Erdoberfläche als Lebensraum der Menschen" und an siebenter Stelle (Religion) von „Diesseits".

Keine Assoziation in erster Linie!

➢ Im Wö. d. dt. Spr. v. Be. wird „Assoziation" an erster Stelle definiert als eine „Verknüpfung, Verbindung (von Gedanken, Vorstellungen)". – Synonyme für „in erster Linie" sind nach „openthesaurus.de" unter anderem „an erster Stelle, primär".

In zweiter Linie ist es der Spiegel!

Die Unruhe wächst.

➢ Die Unruhe unter den Menschen wächst.

Ich sehe Gestalten des Schwachsinns. Sie animiert der Wind.

> „Wind von etwas bekommen" bedeutet nach dem Wö. d. dt. Spr. v. Be. (im übertragenen Sinn) „etwas erfahren".

Fünf Meter Straße, eine Kreuzung.

> Im Wö. d. dt. Spr. v. Be. hat „Kreuzung" an zweiter Stelle (Biologie) die Bedeutung von „Mischung verschiedener Rassen von Tieren oder Pflanzen". Und Synonyme für „Kreuzung" sind nach Thesaurus unter anderem „Verbindung, Paarung".

Das Zimmer halb verschwommen,

> Nach dem Wö. d. dt. Spr. v. Be. hat „verschwommen" die Bedeutung von „verschwimmend, keine klaren Umrisse besitzend, undeutlich".

lockendes Licht,

> Wohl Rotlicht

eine Frauengestalt ganz tief in Trauer ...

Verdammnis!

> Denn „Und zum Mann sprach er: Weil du gehorcht hast der Stimme deiner Frau und gegessen von dem Baum, von dem ich dir gebot und sprach: Du sollst

nicht davon essen –, verflucht sei der Acker um deinetwillen! Mit Mühsal sollst du dich von ihm nähren dein Leben lang. Dornen und Disteln soll er dir tragen, und du sollst das Kraut auf dem Felde essen. Im Schweiße deines Angesichts sollst du dein Brot essen, bis du wieder zu Erde wirst, davon du genommen bist. Denn **Staub** bist du und zum Staub kehrst du zurück." (1. Mose 3:17-19)

Die Luft hat gelbe Füße bekommen.

➤ Bezugnehmend auf den vorangegangenen Kommentar. – „,... Von jeher ist nun die Luft als das Medium des Geistes empfunden worden ..." (Ernst Aeppli). – Und Günter Harnisch schreibt zu „Luft" unter anderem: „Sie gilt als Symbol für schöpferisches Denken und die Kräfte der Fantasie ..." – „Mit den Beinen, dem Fuße ist symbolisch verbunden, was unsern „Lebensgang" betrifft. Die phallische, also sexuelle Bedeutung, welche die Psychoanalyse dem Symbol des Fußes mit Recht auch zuspricht, tritt hinter jenen allgemeinen Gehalt des Fußsymbols als ein Zeichen dessen, womit wir weiterschreiten, zurück." (Ernst Aeppli) – „Das Gelb ähnelt der Farbe des Goldes. Es symbolisiert Reife, Ernte und geistige Aktivität." (Günter Harnisch)

Ein Hauch macht ihn trübe.

> ➢ Ein Hauch dieser Luft macht den Spiegel trübe. – Synonyme für Hauch sind nach dem Duden unter anderem „Atem[luft], Luft, Spiritus, Odem".

Nächstenliebe!

Ein Leder putzt wildes Nass.

> ➢ Nach dem Wö. d. dt. Spr. v. Be. ist „Leder" unter anderem auch die Kurzbezeichnung für ein „Fensterleder". – Synonyme für „wild" sind nach dem Duden unter anderem „nicht domestiziert, blind, außer Kontrolle geraten, unkon-

trolliert". – Mit „Nass" ist im Textzusammenhang „Ejakulat" gemeint.

Drei Ecken im Dunkel,

> Gemeint sind im Textzusammenhang
sicherlich die drei Ecken eines Dreiecks.
– „... In seiner Dreiheitlichkeit symbolisiert das Dreieck die Dreieinheit des
Geistes, der göttlichen Ordnung und des
unendlichen Lichtes. In der christlichen
Symbolik finden wir das Auge Gottes
dargestellt als Kreis in seinem strahlen-
den Dreieck ..." (Heinrich Elijah Benedikt in „Die Kabbala") – „... Ein gleich-
seitiges Dreieck kann die Klarheit der
Gedanken, den schöpferischen Geist des
Träumers andeuten." (Georg Fink). –
„Was im Dunkel liegt, kann man nicht
durchschauen und nicht begreifen. Damit sind Gedanken, Gefühle und Handlungen gemeint. Als Traumbild weist die
Dunkelheit meist auf Verständnislosigkeit, Unwissenheit, das Unbewusste,
Angst, Alter und Tod hin ..." (Günter
Harnisch)

die Mitte hat ausgespielt.

> „Traumbilder von der Mitte sind Hinweise auf den inneren Entwicklungsprozess des Träumenden. [...] Träume von der Mitte haben immer große Bedeutung für den Träumenden, weil sie auf entscheidende Wandlungsprozesse hinweisen , die in seiner Persönlichkeitsentwicklung anstehen." (Günter Harnisch). – „Ausgespielt haben" bedeutet nach dem Duden unter anderem „nichts mehr gelten, keine Macht, Bedeutung, keinen Einfluss mehr haben".

Sechs Meter Straße,

> „... Die Sechs kann durchaus auch mit dem gleichklingenden Sex gleichzusetzen sein." (Günter Harnisch)

die Straße wird länger und schließt sich. Kombinationen überall.

> Im Wö. d. dt. Spr. v. Be. hat „Kombination" an erster Stelle die Bedeutung von „Verbindung, Verknüpfung, gedankliches Herstellen von Zusammenhängen".

Unten drei Gesichter, mehr nicht.

> Im Wö. d. dt. Spr. v. Be. hat „unten" an vierter Stelle die Bedeutung von „am Boden, am Grund". – „Der Ausdruck des Gesichts kann seelische Befindlichkeiten widerspiegeln ..." (Günter Harnisch)

Leere Augen.

> Im Wö. d. dt. Spr. v. Be. hat „leer" an dritter Stelle (im übertragenen Sinn) die Bedeutung von „geistlos, ohne Inhalt". – „Im Volksmund bezeichnet man die Augen als den Spiegel der Seele. Das Auge hat im Traum die Symbolbedeutung eines Bewusstseinsorgans ..." (Günter Harnisch)

Für was? – Der Eilzug verlässt die Station.

> Letzteres ist wohl zu beziehen auf die vorangegangene Frage, denn im Wö. d. dt. Spr. v. Be. hat „Zug" an 25. Stelle die Bedeutung von „Art und Weise zu schreiben oder zu zeichnen". – Im gleichen Wörterbuch hat „Station " an zweiter Stelle die Bedeutung von „Aufenthalt", an dritter Stelle von „Funk-

stelle" und an vierter Stelle von „wissenschaftliche Beobachtungsstelle".

Dicke Tinte!

➢ „In die (dicke) Tinte geraten" bedeutet nach dem Lexikon der sprichwörtlichen Redensarten „in Unglück oder Verlegenheit geraten".

„Sie tragen lange Jacken aus Stumpfsinn,

➢ Gemeint sind wohl Parkas. – „Die Kleider im Traum beziehen sich auf die vom Unbewussten her beeinflusste Persönlichkeit, wie sie sich gegenüber der Umwelt darstellt. Die Art der Kleidung im Traum, ihr Zustand, ihre Farbe, ihre Zweckmäßigkeit für bestimmte im Traum vorkommende Handlungen ergeben eine Fülle möglicher Deutungen, die meist verhältnismäßig leicht verständlich sind, wenn man sie mit entsprechenden realen Situationen vergleicht." (Günter Harnisch)

ihre Beine sind verborgen,

➤ „Mit den Beinen, dem Fuße ist symbolisch verbunden, was unsern „Lebensgang" betrifft. Die phallische, also sexuelle Bedeutung, welche die Psychoanalyse dem Symbol des Fußes mit Recht auch zuspricht, tritt hinter jenen allgemeinen Gehalt des Fußsymbols als ein Zeichen dessen, womit wir weiterschreiten, zurück." (Ernst Aeppli)

flackerndes Licht",

➤ „Licht ist Symbol für Bewusstsein, Verstand, Erkenntnisvermögen, geistige und gefühlsmäßige Klarheit, Ausgeglichenheit und Lebenskraft, Hoffnung und Freude am Leben. Das Licht beseitigt Unwissenheit und Zweifel. Was im Licht liegt, kann man erkennen und begreifen. Man braucht es nicht zu fürchten. In diesem Sinne verkörpert das Licht als Traumsymbol den schöpferischen Geist, der Unwissenheit und Zweifel überwindet ..." (Günter Harnisch). — Im Wö. d. dt. Spr. v. Be. hat

„Licht" an fünfter Stelle die Bedeutung von „geistige Fähigkeiten, Wissen".

ein aufgeschlagenes Buch weint.

> Wohl das Tagebuch, in dem ich damals gerade schrieb. – Synonyme für „weinen" sind nach Woxikon unter anderem „klagen, jammern".

Es wird Mitternacht.

> Wohl in der Realität. – „Die Nacht stellt im Traum den gesamten Bereich des Unbewussten dar, der im Dunkeln liegt." (Günter Harnisch)

Wolken stehen im Sturm.

> Zu „Wolken" schreibt Günter Harnisch: „Dieses Traumbild gibt Hinweis auf die gegenwärtige Stimmungslage des Träumenden. Weiße Wolken an einem blauen Himmel deuten auf Heiterkeit und Optimismus. Dunkle Regenwolken symbolisieren eine pessimistische oder depressive Stimmung. Brauen sich Gewitterwolken zusammen, so stehen heftige Gefühlsausbrüche bevor." – „... Oft ist der Wind Hinweis auf starke geistige

Energien. [...] Wo eine starke geistige Bewegtheit einsetzt, dort teilt sie sich oft im Traum als herannahender Sturm mit ..." (Günter Harnisch)

Sie rösten die Nacht in Kälte. —

➢ Im Wö. d. dt. Spr. v. Be. hat „rösten" an dritter Stelle die Bedeutung von „stark erhitzen". — Im gleichen Wörterbuch hat „Kälte" an zweiter Stelle (im übertragenen Sinn) die Bedeutung von „Mangel an (innerer) Wärme, Gefühl, an Menschlichkeit".

Konturen wie Unsinn,

➢ Nämlich meine Darstellungen im vorangegangenen Text. Infolge meiner damaligen Wissenschaftsgläubigkeit dachte ich, dass unser gesamtes Denken, Reden und Handeln auf Reaktionsabläufen in unserem Zentralnervensystem beruhe. Ich sah keinen Sinn mehr in meinem Leben und schrieb, einem inneren Schreibdrang folgend, in mein Tagebuch meist nur das, was mir gerade einfiel, und zwar im Rahmen eines Gedankenflusses, der plötzlich einsetzte und wieder abrupt endete. Danach verspürte ich jeweils ein Gefühl der Zufriedenheit. – Im Wö. d. dt. Spr. v. Be. wird „Kontur" definiert als „Umriss, Umrisslinie".

verschlagen.

> Synonyme für „verschlagen" sind nach dem Duden an unter anderem „[durch]mischen, vermengen, vermischen, verquirlen". – „Jemanden an einen Ort verschlagen" hat nach dem Wö. d. dt. Spr. v. Be. die Bedeutung von „jemanden zufällig an einen Ort geraten lassen", zum Beispiel: „das Schicksal hat ihn in die Einöde verschlagen".

Das Los!

o Im Wö. d. dt. Spr. v. Be. wird „Los" an erster Stelle definiert als „Schicksal".

„4:00 Uhr", ticken die Uhren.

> Also in der Realität

Der Spiegel hat kaum noch Schein.

> ➤ Zurückkommend auf obige Textstelle: „Der Spiegel blinkt seine Bilder in eine Zeit."

Vor dem Hintergrund wächst der Schlaf in Blüte.

> ➤ Wohl zu verstehen im Sinne von: Vor diesem Hintergrund, nämlich „4:00 Uhr, ticken die Uhren", Wächst der Schlaf in seine Blüte. – Nach dem Wö. d. dt. Spr. v. Be. bedeutet „Schlaf haben" in Süddeutschland auch „schläfrig, müde sein". – Nach dem gleichen Wörterbuch hat „Blüte" im übertragenen Sinn die Bedeutung von „Höhepunkt, höchste Steigerung".

Sechs müde Augen

> ➤ Sexmüde Augen

schauen sterbend die flackernde Kerze

> ➤ „Für die Symbolbedeutung der Kerze im Traum kommt es auf den Gesamtzusammenhang an. Das Licht der Kerze wird oft mit dem Lebenslicht gleichgesetzt." (Günter Harnisch)

im Bild.

> ➤ Im Bild im Spiegel

Im Vorhang

> Im Wö. d. dt. Spr. v. Be. wird „Vor-
hang" definiert als „Stoffbahn, die vor
einem Fenster, einer Tür oder einer
Bühne hängt oder einen Raum abteilt".
Gemeint sind hier sicherlich die vorangegangenen Darstellungen.

schlafen die Zeiten.

> Im Wö. d. dt. Spr. v. Be. hat „schlafen"
an zweiter Stelle (im übertragenen
Sinn) die Bedeutung von „unaufmerksam sein, nicht aufpassen, an andere
Dinge denken" und an vierter Stelle von
„den Beischlaf, Geschlechtsverkehr ausüben".

Die Nacht geht zum Morgen,

> „Die Nacht stellt im Traum den gesam-
ten Bereich des Unbewussten dar, der
im Dunkeln liegt." (Günter Harnisch). —
„Der Morgen, die Morgendämmerung,
die Morgenröte, der Sonnenaufgang —
diese Zeitangaben im Traum haben positive Bedeutung. Etwas Wesentliches

rückt in das Bewusstsein des Träumenden." (Günter Harnisch)

im düsteren Licht der Minuten

➤ Nämlich der Minuten der Dämmerung.
– Synonyme für Minute sind nach dem
Duden unter anderem „Augenblick,
Moment".

tänzeln die Schatten.

➤ Im Wö. d. dt. Spr. v. Be. hat „tänzeln"
an zweiter Stelle die Bedeutung von „in
kleinen, tänzerischen Schritte gehen",
zum Beispiel „über die Bühne, durchs
Zimmer tänzeln" – Im gleichen Wörterbuch hat „Schatten" an dritter Stelle die Bedeutung von „dunkler Fleck,
dunkle Erscheinung" und an vierter
Stelle von „Geist eines Toten".

Neapel ist ihre Begebenheit.

➤ „Neapel (_italienisch_ _Napoli_) ist mit
knapp einer Million Einwohnern die
drittgrößte Stadt _Italiens_. Sie ist
Hauptstadt der Regi-
on _Kampanien_ sowie der _Provinz_
Neapel und ein wirtschaftliches und

kulturelles Zentrum Süditaliens. Die Metropolregion hat zwischen 3 und 4,4 Millionen Einwohner. Die Stadt war anfangs eine griechische Siedlung und trug den Namen Neapolis ("Neustadt") ..." (Wikipedia). – Zu Stadt schreibt Günter Harnisch unter anderem: "Die Stadt stellt im Traum den seelischen Umweltbereich des Träumenden dar ..." – Im Wö. d. dt. Spr. v. Be. wird "Begebenheit" definiert als "Ereignis, Geschehnis".

Sie haben nichts als sich selbst verloren,

> Zu Beginn des Tagebucheintrags wurde gesagt: "Im Anfang war ich selbst!"

denn im düsteren Schein tänzeln die Schatten für sich selbst.

8. Januar 1961, Sonntag

Drei Minuten waren verstrichen. Die Uhr tickte unaufhaltsam, die Sekunden häuften sich zu einem komischen Echo. Die Tür zum Garten steht weit offen. Die Sonne eines warmen Frühlingsmorgens schmeichelt den ersten Blumen und liebkost ihre zarten Blätter. Das erste Grün des Rasens sprießt zaghaft hervor, ertastet die Wärme und füllt in dichter werdender Breite den Garten. Am Kamin steht eine alte Frau, ihre Arme sind über der Brust verkreuzt, eine Schürze liegt weit um ihren schmächtigen Leib. Scheinbar wartend steht sie dort seit geraumer Zeit, ihr Blick hat den Ausdruck der Trauer, ihre Augen irren ziellos über die hellen Wände, in den Garten hinaus, auf den weinroten Teppich zu ihren Füßen. Eine Standuhr schlägt. Automatisch zählt sie mit. Es ist zehn Uhr. Moderne Bilder in einfachen Rahmen hängen in verschiedenen Höhen an der Wand, der Tisch, ein nierenförmiger Sesseltisch, steht in der Nähe des Blumenfensters. Ein Vogelkäfig, ein Bücherbord. Sie steht dort, als es elf schlägt. Das Gartentor fällt ins Schloss. Sie horcht. Schritte, die schweren Schritte eines Mannes. Eilig geht sie zur Tür, tritt hinaus und erwartet den Gast. Ein Mann von 40 Jahren, ein gebräuntes Gesicht mit dichtem, schwarzem

Vollbart. „Du kommst spät", sagt sie. „Es musste sein", sagt er.

GTHZ

1:   Guten Morgen, der Herr vom Amt erwartet Sie!

2:   Danke, es geht mir gut. Ich freue mich jedes Mal über diese gute Nachricht. Heute war es
      schlimm.

1:   Denken Sie nach. Wir erwarteten Sie bereits seit langem.

2:   Wem sagen sie es. Manchmal dreht man durch. So ist das Leben. Das Spiel nimmt
      überhand. Es ist zum Verrücktwerden, verstehen Sie mich. Ich bin ein großer
      Menschenkenner.

1:   Davon schwärmten meine Ahnen. Noch auf dem Totenbett zitierten sie den falschen
      Hegel.

2:   Sie hatten kluge Ahnen. Möchte leiden, meine wären halb so dumm gewesen. Sie hörten nur auf sich selbst. Sie banden sich mit der Schere und rissen die Knoten entzwei.

1: So waren sie krank. Und Sie?

2: Mir geht es ebenso. Ich halte viel vom Salat. Seine Bräune ist einfach entzückend. Eine
    Liebhaberei!

1: Tragen Sie es ihm nicht nach. Alle Menschen schneiden auf. Kennen Sie die Bedeutung
    vom Warten?

2: Könnte Sie verstehen. Sie machen es aber so schwer.

1: Ein Fuhrmann ist halt kein Philosoph. Zurück zur Natur. Ein fahles Gelächter hat noch
    lange nicht Feierabend.

—

Heute den ganzen Tag und gestern bis spät gearbeitet. Was kommt dabei herum: Geld, Erschöpfung, Unzufriedenheit über verlorene Zeit, Schema und nochmals Schema, wie so viele es leben. Ich kotze darauf. Es hat nichts für mich in sich. Morgen geht's wieder nach Homburg: Homburg, Studium, Zeit: ich freue mich.

Aufgliederung des Textes

Drei Minuten waren verstrichen. Die Uhr tickte unaufhaltsam, die Sekunden häuften sich zu einem komischen Echo.

Die Tür zum Garten steht weit offen!

Die Sonne eines warmen Frühlingsmorgens schmeichelt den ersten Blumen und liebkost ihre zarten Blätter. Das erste Grün des Rasens sprießt zaghaft hervor, ertastet die Wärme und füllt in dichter werdender Breite den Garten.

Am Kamin steht eine alte Frau, ihre Arme sind vor der Brust gekreuzt, eine Schürze liegt weit um ihren schmächtigen Leib. Scheinbar wartend steht sie dort seit geraumer Zeit. Ihr Blick hat den Ausdruck der Trauer, ihre Augen irren ziellos über die hellen Wände, in den Garten hinaus, auf den weinroten Teppich zu ihren Füßen. Eine Standuhr schlägt. Automatisch zählt sie mit. Es ist zehn Uhr.
Moderne Bilder in einfachen Rahmen hängen in verschiedenen Höhen an der Wand. Der Tisch, ein nierenförmiger Sesseltisch, steht in der Nähe des Blumenfensters. Ein Vogelkäfig, ein Bücherbord.
Sie steht dort, als es elf schlägt. Das Gartentor fällt ins Schloss. Sie horcht. Schritte, die schwe-

ren Schritte eines Mannes. Eilig geht sie zur Tür, tritt hinaus und erwartet den Gast. Ein Mann von 40 Jahren, ein gebräuntes Gesicht mit dichtem, schwarzem Vollbart. „Du kommst spät", sagt sie. „Es musste sein", sagt er.

–

GTHZ

1: Guten Morgen, der Herr vom Amt erwartet Sie!

2: Danke, es geht mir gut. Ich freue mich jedes Mal über diese gute Nachricht. Heute war es schlimm.

1: Denken Sie nach! Wir erwarteten Sie bereits seit langem.

2: Wem sagen Sie es. Manchmal dreht man durch. So ist das Leben. Das Spiel nimmt überhand. Es ist zum Verrücktwerden, verstehen Sie mich. Ich bin ein großer Menschenkenner.

1: Davon schwärmten meine Ahnen. Noch auf dem Totenbett zitierten sie den falschen Hegel.

2: Sie hatten kluge Ahnen. Möchte leiden, meine wären halb so dumm gewesen. Sie hörten nur auf sich selbst. Sie banden sich mit der Schere und rissen die Knoten entzwei.

1: So waren sie krank. Und Sie?

2: Mir geht es ebenso. Ich halte viel vom Salat. Seine Bräune ist einfach entzückend. Eine Liebhaberei!

1: Tragen Sie es ihm nicht nach. Alle Menschen schneiden auf. Kennen Sie die Bedeutung vom Warten?

2: Könnte Sie verstehen. Sie machen es aber so schwer.

1: Ein Fuhrmann ist halt kein Philosoph. Zurück zur Natur. Ein fahles Gelächter hat noch lange nicht Feierabend.

–

Heute den ganzen Tag und gestern bis spät gearbeitet. Was kommt dabei herum? Geld, Erschöpfung, Unzufriedenheit über verlorene Zeit, Schema und nochmals Schema, wie so viele es leben. Ich kotze darauf. Es hat nichts für mich in sich. Morgen geht's wieder nach Homburg: Homburg, Studium, Zeit: Ich freue mich.

Deutung

> ➢ Wohl in Fortsetzung meines Tagebuch-
> eintrags vom Vortag.

Drei Minuten waren verstrichen.

> ➢ „Drei ist die Zahl des Geistes ...“ (Hein-
> rich Elijah Benedikt in „Die Kabbala“)

Die Uhr tickte unaufhaltsam, die Sekunden häuften sich zu einem komischen Echo.

> ➢ In meinen inspirierten Tagebuchtexten
> symbolisieren „Sekunden“ meist den
> kurzen Augenblick des sexuellen Höhe-
> punkts.

Die Tür zum Garten steht weit offen!

> ➢ „Tür und Tor zeigen im Traum Zu-
> gangsmöglichkeiten an, deren Art sich
> aus der weiteren Traumhandlung be-
> stimmen lässt ...“ (Günter Harnisch). –
> „Der Garten ist im Allgemeinen ein
> Symbol der partnerschaftlichen Bezie-
> hung. Er zeigt Wachstum, Fruchtbar-
> keit, Lebensfreude an und hat fast im-
> mer eine positive Bedeutung ...“ (Günter
> Harnisch)

Die Sonne eines warmen Frühlingsmorgens schmeichelt den ersten Blumen und liebkost ihre zarten Blätter.

➢ Im Textzusammenhang und in Verbindung mit meiner Lebensgeschichte am Ostersamstag 1998. – „Die Sonne ist eines der positivsten Traumsymbole. Sie kennzeichnet im Traum stets produktive schöpferische Energie, die künstlerische Ideen oder Bewusstseinsprozesse in Gang bringt." (Günter Harnisch). – „Die positive (männliche) Kraft der Seele, Energiesymbol des Lebens, des Schöpferischen, des Befruchtenden, denn in den meisten Kulturen wird die Sonne als männlich angesehen. Wo sie im Traum aufgeht, da ist Erfolg in allen Lebensbereichen zu erwarten. Wo sie untergeht, mündet eine Glücksphase ins Alltägliche. Die leuchtende Kraft der Sonne erhellt unser Bewusstsein und macht uns für neue und gute Taten bereit ..." (Georg Fink). – „... Das leuchtendste und größte Energiesymbol ist die Sonne. Wo sie im Traum aufgeht, ist stärkste Wirkung, ist ein tätiger Morgen zu erwarten. Nur in den Wüstenträumen kann die sengende Glut dem Wanderer den Tod bringen. Sonst aber ist sie die Bringerin des Lebens, des Schöpferischen, Befruchtenden. Sonnenuntergänge aber sind im Traum meist von negativer Bedeutung, eine Bewusstseinsphase geht zu Ende." (Ernst Aeppli). – „… Betrachten wir die Sonne (Orange) und die Erde (Blau), so finden wir in ihnen Urbild und Vorbild des Liebens. Das war auch der Inhalt der Sonnenreligion Altägyptens und wird auch die Religion des Wassermannzeitalters, des Evangeliums der Sonne sein." (Heinrich Elijah Benedikt). – „Blumen und Blüten sind allgemein als Symbolbilder für den Gefühlsbereich zu verstehen …" (Günter Harnisch)

Das erste Grün des Rasens sprießt zaghaft hervor, ertastet die Wärme und füllt in dichter werdender Breite den Garten.

> „Kräftiges, saftiges, grünes Gras deutet auf Wachstum und Entwicklung im psychisch-geistigen Bereich hin. Wiesen mit Blumen symbolisieren emotionale Ausgeglichenheit oder den Wunsch danach ..." (Günter Harnisch)

Am Kamin steht eine alte Frau,

> „In dieser offenen Feuerstelle brennt das Feuer gezügelt und unter Kontrolle. In diesem Bild drückt sich beherrschte Energie aus. Der Kamin gilt auch als Symbol für häusliche, familiäre Behaglichkeit, Gefühlswärme und Geborgenheit." (Günter Harnisch). – Nach dem Wörterbuch der deutschen Sprache von Bertelsmann (Wö. d. dt. Spr. v. Be.) hat „alt" unter anderem die Bedeutung von „langjährig, vertraut", zum Beispiel „ein alter Freund".

ihre Arme sind vor der Brust gekreuzt,

> „Arm und Hand gehören eng zusammen. In der Traumsprache ist der Arm die Grundlage des Handelns." (Günter Harnisch). – „Die Brust ist das Symbol

des Mütterlichen, der Leben erhalten-
den und nährenden Seite des Weiblichen. Als Traumsymbol hat die Brust
fast nie sexuelle Bedeutung ..." (Günter
Harnisch)

eine Schürze liegt weit um ihren schmächtigen
Leib.

> „Die Kleider im Traum beziehen sich auf
> die vom Unbewussten her beeinflusste
> Persönlichkeit, wie sie sich gegenüber
> der Umwelt darstellt ..." (Günter Har-
> nisch)

Scheinbar wartend steht sie dort seit geraumer
Zeit. Ihr Blick hat den Ausdruck der Trauer, ihre
Augen irren ziellos über die hellen Wände,

> „Im Volksmund bezeichnet man die Au-
> gen als den Spiegel der Seele. Das Auge
> hat im Traum die Symbolbedeutung ei-
> nes Bewusstseinsorgans ..." (Günter
> Harnisch). – Zu „Wand" schreibt Gün-
> ter Harnisch: „Dieses Traumbild kommt
> in zwei unterschiedlichen Bedeutungen
> vor: Einmal verkörpert die Wand
> Schutz und Geborgenheit. Zum anderen
> stellt sie ein Hindernis dar."

in den Garten hinaus, auf den weinroten Teppich zu ihren Füßen.

> ➢ Zu „Wein" schreibt Günter Harnisch: „Dieses Traumsymbol deutet auf Lebenskraft, Fantasie, Gedankenreichtum und Sinnenfreudigkeit hin." Und zu „Teppich" heißt es beim gleichen Autor unter anderem: „Zunächst einmal deutet dieses Symbol auf Behaglichkeit oder den Wunsch nach Luxus hin ..." – „Mit den Beinen, dem Fuße ist symbolisch verbunden, was unsern „Lebensgang" betrifft ..." (Ernst Aeppli)

Eine Standuhr schlägt.

> ➢ Im Wö. d. dt. Spr. v. Be. hat „Stand" an fünfter Stelle die Bedeutung von „Beschaffenheit, Zustand", zum Beispiel „der Stand der Dinge".

Automatisch zählt sie mit.

> ➢ Im Wö. d. dt. Spr. v. Be. hat „automatisch" an zweiter Stelle (im übertragenen Sinn) die Bedeutung von „ohne nachzudenken".

Es ist zehn Uhr.

> „In der Zahlensymbolik der Träume bedeutet die Zehn einen Neuanfang. Ein neuer Lebens- und Entwicklungsabschnitt beginnt, so wie nach der Neun die Zahlenreihe mit der Eins wieder von vorn anfängt, wenn auch um eine Stelle verschoben." (Günter Harnisch)

Moderne Bilder in einfachen Rahmen hängen in verschiedenen Höhen an der Wand.

> Nämlich in der Realität. – „Bilder jeder Art beziehen sich immer auf die Persönlichkeitsstruktur des Träumenden ..." (Günter Harnisch)

Der Tisch, ein nierenförmiger Sesseltisch, steht in der Nähe des Blumenfensters.

> „Wie das Haus in der Traumsprache die gesamte Persönlichkeit des Träumenden verkörpert, so weisen die Möbel im Hause auf bestimmte Eigenschaften und Wünsche des Träumenden hin. Sie lassen sich näher bestimmen, wenn man darauf achtet, zu welchem Zimmer die Einrichtungsgegenstände gehören ..." (Günter Harnisch). – Zu „Nieren" heißt es beim gleichen Autor „Hier kann ein

148

tatsächliches Unwohlsein oder eine organische Krankheit vorliegen. Meist deuten die Nieren als Traumbild auf seelische Verarbeitungsvorgänge hin. Sie können sich auf Probleme der Selbstverwirklichung beziehen, aber auch auf die Befriedigung von Bedürfnissen und Wünschen.

Ein Vogelkäfig,

> „Im Traum symbolisieren Vögel meist geistige Inhalte des Unbewussten. Gelegentlich stellen sie auch die im Volksmund bekannte erotische Nebenbedeutung dar." (Günter Harnisch)

ein Bücherbord.

> „Bücher, Buchhandlungen und alle damit in Zusammenhang stehenden Traumbilder sind meist Ausdruck für das geistige Leben, für Wissen und Lebenserfahrung. Sie deuten auf Aufgeschlossenheit, Wissensdrang und den Wunsch nach Entfaltung der Persönlichkeit hin ..." (Günter Harnisch)

Sie steht dort, als es elf schlägt. Das Gartentor fällt ins Schloss. Sie horcht. Schritte, die schweren Schritte eines Mannes. Eilig geht sie zur Tür, tritt hinaus und erwartet den Gast. Ein Mann von 40 Jahren,

> ➤ „Ein Mann von 40 Jahren" steht hier im Textzusammenhang für einen vitalen Mann.

ein gebräuntes Gesicht

> ➤ „Die Farbe Braun symbolisiert im Traum die Erde und den mütterlichen Aspekt der Natur. Es drückt Naturverbundenheit und Lebensvitalität aus …" (Günter Harnisch). – „Der Ausdruck des Gesichts kann seelische Befindlichkeiten widerspiegeln …" (Günter Harnisch)

mit dichtem, schwarzem Vollbart.

> ➤ „Der Bart im Traum symbolisiert männliche Kraft und Potenz. Ebenso ist der Bart ein Herrschaftssymbol. Er war im Altertum das Attribut der Könige und Propheten …" (Dr. Friedrich W. Doucet). – Synonyme für „schwarz" sind nach dem Duden unter anderem

„geheim, heimlich, im Geheimen, im Stillen, im Verborgenen, unbemerkt".

„Du kommst spät", sagt sie. „Es musste sein", sagt er.

–

GTHZ

➢ Bezüglich der Bedeutung dieser Überschrift bin ich mir nicht sicher. In Verbindung mit dem vorausgegangenen und dem nachfolgenden Text könnte sie eine Abkürzung sei für Gericht Heinz oder für Gerichtstermin bzw. Gerichtstag Heinz.

1: Guten Morgen, der Herr vom Amt erwartet Sie!

➢ Im Wö. d. dt. Spr. v. Be. hat „Herr" an zweiter Stelle die Bedeutung von „(gehoben, höfliche Bezeichnung für) Mann", zum Beispiel: „ein Herr möchte Sie sprechen", an dritter Stelle von „Besitzer, Herrscher, Gebieter", zum Beispiel: „sein eigener Herr sein", das heißt, „selbst bestimmen können", und

an vierter Stelle von „Gott", zum Beispiel: „Gott der Herr".

2: Danke, es geht mir gut. Ich freue mich jedes
Mal über diese gute Nachricht.

> *Nämlich über die Nachricht, vom*
> *„Herrn vom Amt" erwartet zu werden.*

Heute war es schlimm.

> *Wohl zu beziehen auf den nachfolgenden*
> *dritten Teil des Tagebucheintrags.*

1: Denken Sie nach! Wir erwarteten Sie bereits
seit langem.

2: Wem sagen Sie es. Manchmal dreht man
durch. So ist das Leben. Das Spiel nimmt überhand. Es ist zum Verrücktwerden, verstehen Sie
mich. Ich bin ein großer Menschenkenner.

1: Davon schwärmten meine Ahnen. Noch auf
dem Totenbett zitierten sie den falschen Hegel.

> *„Hegels <u>Philosophie</u> erhebt den An-*
> *spruch, die gesamte Wirklichkeit in der*
> *Vielfalt ihrer Erscheinungsformen ein-*
> *schließlich ihrer <u>geschichtlichen</u>*
> *<u>Entwicklung</u> zusammenhängend, sys-*

tematisch und _definitiv_ zu deuten ..."
(Wikipedia). – Im Wö. d. dt. Spr. v. Be.
hat „falsch" an zweiter Stelle die Bedeutung von „nicht der Wahrheit entsprechend, unwahr", zum Beispiel: „eine falsche Aussage, Behauptung".

2: Sie hatten kluge Ahnen. Möchte leiden, meine
wären halb so dumm gewesen. Sie hörten nur
auf sich selbst. Sie banden sich mit der Schere
und rissen die Knoten entzwei.

> ➢ „Sich binden" hat im Wö. d. dt. Spr. v.
> Be. an erster Stelle die Bedeutung von
> „sich verpflichten, etwas zu tun, etwas
> einzuhalten, zu erfüllen". – Zu „Schere"
> schreibt Günter Harnisch: „Wie die
> meisten schneidenden und stechenden
> Geräte so symbolisiert auch die Schere
> männliche Sexualität und Aggressivität
> ..." – Ein Synonym für „knoten" ist
> nach dem Wö. d. dt. Spr. v. Be. „knüp-
> fen", zum Beispiel „ein Band (fest)
> knüpfen".

1: So waren sie krank. Und Sie?

2: Mir geht es ebenso.

> Wohl mit einem Bezug zum ersten Teil des Tagebucheintrags, in welchem ich, mir damals aber nicht bewusst, die Wiederaufnahme einer intimen Beziehung im Jahre 1998 schildere. Sie kam 1963 während eines Studiensemesters in Kiel zustande, wurde von mir aber schon nach weniger als einem Jahr wieder abgebrochen.

Ich halte viel vom Salat.

> Im Wö. d. dt. Spr. v. Be. hat „Salat" an vierter Stelle (umgangssprachlich) die Bedeutung von „unangenehmes Durcheinander", zum Beispiel „Beziehungssalat".

Seine Bräune ist einfach entzückend.

> „Die Farbe Braun symbolisiert im Traum die Erde und den mütterlichen Aspekt der Natur. Es drückt Naturverbundenheit und Lebensvitalität aus ..." (Günter Harnisch)

Eine Liebhaberei!

1: Tragen Sie es ihm nicht nach. Alle Menschen schneiden auf.

> ➢ Nach dem Wö. d. dt. Spr. v. Be. hat „aufschneiden" (ohne Objekt) die Bedeutung von „übertreiben, prahlen".

Kennen Sie die Bedeutung vom Warten?

> ➢ Nach dem Wö. d. dt. Spr. v. Be. hat „warten" unter anderem die Bedeutung von „an einem Ort bleiben (bis jemand kommt oder etwas eintritt), jemandes Kommen, dem Eintreffen einer Sache entgegensehen".

2: Könnte Sie verstehen. Sie machen es aber so schwer.

1: Ein Fuhrmann ist halt kein Philosoph.

> ➢ Im Wö. d. dt. Spr. v. Be. wird „Fuhrmann" definiert als „jemand, der ein Fuhrwerk lenkt".

Zurück zur Natur.

> ➢ Im Wö. d. dt. Spr. v. Be. hat „Natur" an vierter Stelle die Bedeutung von „angeborene Wesensart, Veranlagung".

Ein fahles Gelächter hat noch lange nicht Feierabend.

—

Heute den ganzen Tag und gestern bis spät gearbeitet. Was kommt dabei herum? Geld, Erschöpfung, Unzufriedenheit über verlorene Zeit, Schema und nochmals Schema, wie so viele es leben. Ich kotze darauf. Es hat nichts für mich in sich. Morgen geht's wieder nach Homburg: Homburg, Studium, Zeit: Ich freue mich.

Er hat durch die kreisrunde Öffnung gesehen, die Stadt und Land verbindet. Jahre schon ist das Projekt geplant, doch seine Ausführung scheitert an der Finanzierung.

So groß, wie der Hals in den Morgen gähnt, so groß ist die dahinter liegende Blöße. Denn eine nackte Brust hebt und senkt sich im stillen Rhythmus, und kreisende Augen zirkeln die Fassaden, die gegenüber stehen. Nichts von Bedeutung, nur weißer Schnee hat die sonst grauen Straßen über Nacht verdeckt. Eine breite Figur von stämmigem Charakter steht unbeweglich dort, wo die ersten Momente des neuen Tages vorüber rollen. Nichts nimmt ihm die Gewohnheit, er nennt es Feierabend, und seine Kinder lachen ihn aus. Dann schlägt eine nahe Uhr, bei deren letzten Schlag er mit traumhafter Sicherheit im Tor verschwindet.
Lagerschuppen bilden zusammen mit den Flügeln des Hauses einen Hinterhof. Der ist nicht aufgeräumt, es sieht da übrigens sehr chaotisch aus. Die Schritte brechen sich mehrmals im hohen Gemäuer, nicht viel Licht vermag die frühe Sonne in diese Welt zu schicken. Ob man sie vergessen hat, sie ausnutzt?

157

Eine steinerne Treppe führt in ein zuhinterst liegendes Gebäude aus rotem Backstein. Ein armseliges Gebäude, das der Krieg ausgemergelt hat. Ein Glück für dieses, dass es so abgelegen ist, im Zentrum wäre es den modernisierenden Neuerungen zum Opfer gefallen.

19:00 Uhr

In seinen Augen spiegelt die Gegenwart ihr Licht. Abgezehrt ist sein Gesicht das Bild der weinenden Reif(e) – und des Spottes, des irrsinnigen Spottes. Die Zeit hält ihn, dieses große Gefüge, dem er nicht entrinnen kann. Vorbei fluten provozierte Gestalten, gemusste Dinge, er fühlt seine vergängliche Herrlichkeit schrumpfen in die unaussprechliche Erbärmlichkeit seiner selbst. Ein Witz kommt ihm, den er ziellos in die Welt hinausschreit, die Zeit der Freude hat Pause, seine Stiefel treten laut das Pflaster, in seinen Ohren hämmert Wut und Opposition. Er weiß, dass der Tag ihn verließ, dass die Natur ihn zum Spiel hat, dass Blut des Elends seine Adern füllt, dass jener momentane „Weltschmerz" ihn beherrscht. Schlaf wäre gut, denkt er, und würde manches vergessen lassen. Nur die Vitalität kann mich retten vor diesem Ausverkauf der Widersprüche, nur Ruhe und Liebe. Doch wo? Ich hasse jetzt meine Konkurrenz, und morgen saufe ich mit ihr um die Wette.

Vier Stufen bedeuten eine Höhe. Er liegt vor ihnen. Dann springt er auf. Hat er den Schrei gehört? Doch wer sollte in dieser abgelegenen Ecke schreien?! Selten kommt ein Mensch hierher. Und wenn er kommt, weiß er es, weil dieser Weg nicht verborgen bleiben kann. Eine hölzerne Tür, die er Achtung nennt. Er denkt Gelächter und ernste Mienen. Vielleicht. Sie öffnet sich ohne Zögern. Ein dunkler Flur. Fischgeruch. Kindergedanken kommen ihm. Er steht auf der Straße. Ein Pferdekarren.

Aufgliederung des Textes

Er hat durch die kreisrunde Öffnung gesehen, die Stadt und Land verbindet. Jahre schon ist das Projekt geplant, doch seine Ausführung scheitert an der Finanzierung.

So groß, wie der Hals in den Morgen gähnt, so groß ist die dahinter liegende Blöße. Denn eine nackte Brust hebt und senkt sich im stillen Rhythmus, und kreisende Augen zirkeln die Fassaden, die gegenüber stehen. Nichts von Bedeutung, nur weißer Schnee hat die sonst grauen Straßen über Nacht verdeckt.

Eine breite Figur von stämmigem Charakter steht unbeweglich dort, wo die ersten Momente des neuen Tages vorüberrollen. Nichts nimmt ihm die Gewohnheit, er nennt es Feierabend, und seine Kinder lachen ihn aus. Dann schlägt eine nahe Uhr, bei deren letzten Schlag er mit traumhafter Sicherheit im Tor verschwindet. Lagerschuppen bilden zusammen mit den Flügeln des Hauses einen Hinterhof.

Der ist nicht aufgeräumt, es sieht da übrigens sehr chaotisch aus.

Die Schritte brechen sich mehrmals im hohen Gemäuer. Nicht viel Licht vermag die frühe Sonne in diese Welt zu schicken.

Ob man sie vergessen hat, sie ausnutzt?

Eine steinerne Treppe führt in ein zuhinterst liegendes Gebäude aus rotem Backstein. Ein armseliges Gebäude, das der Krieg ausgemergelt hat.

Ein Glück für dieses, dass es so abgelegen ist. Im Zentrum wäre es den modernisierenden Neuerungen zum Opfer gefallen.

19:00 Uhr

In seinen Augen spiegelt die Gegenwart ihr Licht. Abgezehrt ist sein Gesicht das Bild der weinenden Reife.

Und des Spottes, des irrsinnigen Spottes.

Die Zeit hält ihn, dieses große Gefüge, dem er nicht entrinnen kann. Vorbei fluten provozierte Gestalten, gemusste Dinge. Er fühlt seine vergängliche Herrlichkeit schrumpfen in die unaussprechliche Erbärmlichkeit seiner selbst. Ein Witz kommt ihm, den er ziellos in die Welt hinausschreit:

Die Zeit der Freude hat Pause!

Seine Stiefel treten laut das Pflaster, in seinen Ohren hämmert Wut und Opposition. Er weiß, dass der Tag ihn verließ, dass die Natur ihn zum Spiel hat, dass Blut des Elends seine Adern füllt, dass jener momentane „Weltschmerz" ihn beherrscht. Schlaf wäre gut, denkt er, und würde manches vergessen lassen.

Nur die Vitalität kann mich retten vor diesem Ausverkauf der Widersprüche, nur Ruhe und Liebe. Doch wo? Ich hasse jetzt meine Konkurrenz, und morgen saufe ich mit ihr um die Wette.

Vier Stufen bedeuten eine Höhe. Er liegt vor ihnen. Dann springt er auf. Hat er den Schrei gehört? Doch wer sollte in dieser abgelegenen Ecke schreien? Selten kommt ein Mensch hierher. Und wenn einer kommt, weiß er es, weil dieser Weg nicht verborgen bleiben kann. Eine hölzerne Tür, die er Achtung nennt. Er denkt, Gelächter und ernste Mienen vielleicht. Sie öffnet sich ohne Zögern. Ein dunkler Flur. Fischgeruch. Kindergedanken kommen ihm. Er steht auf der Straße. Ein Pferdekarren

Deutung

➢ Tagebucheintrag inspiriert

Er hat durch die kreisrunde Öffnung gesehen,

➢ Wohl bezugnehmend auf meinen letzten Tagebucheintrag am 8. Januar. – ,,Der Kreis ist, wie auch der Ring, ein Ganzheitssymbol. Ihm wurde in alter Zeit in den Märchen und Mythen die Kraft eines Schutz- und Abwehrzaubers zugeschrieben. Alles, was sich im Traum in dem Kreis abspielt, hat besondere Bedeutung. Allgemein signalisiert der Kreis im Traum eine Konzentration psychischer Energie." (Günter Harnisch). Dementsprechend ist mit der „kreisrunden Öffnung" mein vorübergehender psychischer Zustand gemeint, in welchem ich, mir damals aber nicht bewusst, inspiriert wurde bzw. in Verbindung stand mit der Geistigen Welt.

die Stadt und Land verbindet.

➢ „Die Stadt stellt im Traum den seelischen Umweltbereich des Träumenden dar …" (Günter Harnisch). – „Der Blick auf eine Landschaft symbolisiert in der Sprache unserer Träume meist die Lebensperspektiven des Träumenden …" (Günter Harnisch)

Jahre schon ist das Projekt geplant, doch seine Ausführung scheitert an der Finanzierung.

➢ Im Wörterbuch der deutschen Sprache von Bertelsmann (Wö. d. dt. Spr. v. Be.) hat „finanzieren" an erster Stelle die Bedeutung von „die Geldmittel für etwas zur Verfügung stellen, durch Geld ermöglichen". – „Geld oder Geldstücke

symbolisieren im Traum seelische Energie ..."(Günter Harnisch)

So groß, wie der Hals in den Morgen gähnt,

> Nämlich bei meinem morgendlichen
Aufwachen, noch im Bett liegend. —
„Der Morgen, die Morgendämmerung,
die Morgenröte, der Sonnenaufgang —
diese Zeitangaben im Traum haben positive Bedeutung. Etwas Wesentliches
rückt in das Bewusstsein des Träumenden." (Günter Harnisch)

so groß ist die dahinter liegende Blöße.

> Im Wö. d. dt. Spr. v. Be. hat „Blöße" an
vierter Stelle (im übertragenen Sinn)
die Bedeutung von „schwache Stelle,
Schwäche", zum Beispiel „ich will mir
keine Blöße geben".

Denn eine nackte Brust hebt und senkt sich im
stillen Rhythmus,

> Im Wö. d. dt. Spr. v. Be. hat „Brust" an
erster Stelle die Bedeutung von „(beim
Menschen und bei manchen Wirbeltie-
ren) vorderer oberer Teil des Rumpfes".
— Im gleichen Wörterbuch hat „nackt"

> an siebenter Stelle die Bedeutung von
> „bloß". — Ebenfalls in diesem Wörter-
> buch hat „still" an vierter Stelle die Be-
> deutung von „leise, schweigend".

und kreisende Augen zirkeln die Fassaden, die
gegenüber stehen.

> ➢ Nämlich in der Realität. — Im Wö. d. dt.
> Spr. v. Be. hat „zirkeln" an erster Stelle
> die Bedeutung von „genau abmessen, in
> peinlich genauen Formen zeichnen, ge-
> stalten".

Nichts von Bedeutung, nur weißer Schnee hat die
sonst grauen Straßen über Nacht verdeckt.

*Eine breite Figur von stämmigem Charakter
steht unbeweglich dort, wo die ersten Momente
des neuen Tages vorüberrollen.*

> ➢ „Alle im Traum auftauchenden Perso-
> nen können bestimmte Aspekte der
> Persönlichkeit des Träumenden spiegeln.
> Während Feinde auf negative Eigen-
> schaften und Handlungen hinweisen,
> verkörpern Freunde die positiven und
> vertrauten Seiten der Persönlichkeit …"
> (Günter Harnisch)

Nichts nimmt ihm die Gewohnheit, er nennt es Feierabend, und seine Kinder lachen ihn aus. Dann schlägt eine nahe Uhr, bei deren letzten Schlag er mit traumhafter Sicherheit im Tor verschwindet. Lagerschuppen bilden zusammen mit den Flügeln des Hauses einen Hinterhof.

> ➢ Zu „Hof" schreibt Georg Fink: „Ist er von schönen Gebäuden gesäumt, will man sich mit netten Menschen umgeben. Ein finsterer Hinterhof lässt sich dementsprechend als Hinweis auf unsere Kontaktarmut deuten."

Der ist nicht aufgeräumt, es sieht da übrigens sehr chaotisch aus.

> ➢ Nach dem Wö. d. dt. Spr. v. Be. hat „chaotisch" die Bedeutung von „wirr, ungeordnet".

Die Schritte brechen sich mehrmals im hohen Gemäuer.

> ➢ Synonyme für „sich brechen" sind nach dem Duden unter anderem „ableiten, ablenken, in eine andere Richtung bringen".

Nicht viel Licht vermag die frühe Sonne in diese Welt zu schicken.

166

➤ „Licht ist Symbol für Bewusstsein, Verstand, Erkenntnisvermögen, geistige und gefühlsmäßige Klarheit, Ausgeglichenheit und Lebenskraft, Hoffnung und Freude am Leben. Das Licht beseitigt Unwissenheit und Zweifel. Was im Licht liegt, kann man erkennen und begreifen. Man braucht es nicht zu fürchten. In diesem Sinne verkörpert das Licht als Traumsymbol den schöpferischen Geist, der Unwissenheit und Zweifel überwindet ...“ (Günter Harnisch). – „Die Sonne ist eines der positivsten Traumsymbole. Sie kennzeichnet im Traum stets produktive schöpferische Energie, die künstlerische Ideen oder Bewusstseinsprozesse in Gang bringt.“ (Günter Harnisch). – „Die positive (männliche) Kraft der Seele, Energiesymbol des Lebens, des Schöpferischen, des Befruchtenden, denn in den meisten Kulturen wird die Sonne als männlich angesehen. Wo sie im Traum aufgeht, da ist Erfolg in allen Lebensbereichen zu erwarten. Wo sie untergeht, mündet eine Glücksphase ins Alltägliche. Die leuchtende Kraft der Sonne erhellt unser Bewusstsein und macht uns für neue und gute Taten bereit ..." (Georg Fink). — „... Das leuchtendste und größte Energiesymbol ist die Sonne. Wo sie im Traum aufgeht, ist stärkste Wirkung, ist ein tätiger Morgen zu erwarten. Nur in den Wüstenträumen kann die sengende Glut dem Wanderer den Tod bringen. Sonst aber ist sie die Bringerin des Lebens, des Schöpferischen, Befruchtenden. Sonnenuntergänge aber sind im Traum meist von negativer Bedeutung, eine Bewusstseinsphase geht zu Ende." (Ernst Aeppli). — „... Betrachten wir die Sonne (Orange) und die Erde (Blau), so finden wir in ihnen Urbild und Vorbild des Liebens. Das war auch der Inhalt der Sonnenreligion Altägyptens und wird auch die Religion des Wassermannzeitalters, des Evangeliums

der Sonne sein." (Heinrich Elijah Benedikt)

Ob man sie vergessen hat, sie ausnutzt?

Eine steinerne Treppe führt in ein zuhinterst liegendes Gebäude aus rotem Backstein.

➢ „Die Treppe als Traumbild kennzeichnet Übergangssituationen. Dabei kann es sich um einen Aufstieg oder Abstieg handeln. Bilder von einem Aufstieg deuten auf einen Prozess des Bewusstwerdens hin." (Günter Harnisch). – „Das Haus stellt im Traum das Gehäuse der Seele dar …" (Günter Harnisch). – „Die Farbe Rot drückt Leidenschaft, Sinnlichkeit, Feuer und gesteigerte Vitalität aus …" (Günter Harnisch)

Ein armseliges Gebäude, das der Krieg ausgemergelt hat.

➢ Im Wö. d. dt. Spr. v. Be. hat „Krieg" an zweiter Stelle die Bedeutung von „Streit, Auseinandersetzung". – Synonyme für „ausmergeln" sind nach dem Duden unter anderem „aufbrauchen,

aufreiben, aufzehren, aussaugen, ruinie-
ren, strapazieren, zermürben".

Ein Glück für dieses, dass es so abgelegen ist. Im
Zentrum wäre es den modernisierenden Neuerungen zum Opfer gefallen.

<u>19:00 Uhr</u>

**In seinen Augen spiegelt die Gegenwart ihr
Licht.**

➢ „Im Volksmund bezeichnet man die Augen als den Spiegel der Seele. Das Auge
hat im Traum die Symbolbedeutung eines Bewusstseinsorgans ..." (Günter
Harnisch). – Im Wö. d. dt. Spr. v. Be.
hat „Licht" an erster Stelle die Bedeutung von „etwas, das Helligkeit verbrei-
tet".

**Abgezehrt ist sein Gesicht das Bild der weinen-
den Reife.**

➢ „Der Ausdruck des Gesichts kann seelische Befindlichkeiten widerspiegeln ..."
(Günter Harnisch). – Synonyme für
„weinen" sind nach Woxikon unter an-

derem „klagen, jammern". – Bezüglich Reife ist hier eine Erklärung notwendig. Im Tagebuch steht statt Reife das Wort „Reif", das sich aber überhaupt nicht in den Text eingliedern lässt. Möglicherweise habe ich damals das „e" vergessen. Ich habe es jetzt angefügt. Ob mit Recht, weiß ich nicht.

Und des Spottes, des irrsinnigen Spottes.

➢ Im Wö. d. dt. Spr. v. Be. wird „Spott" definiert als „das Sichlustigmachen über andere, abschätzige, schadenfrohe Bemerkung". – Im gleichen Wörterbuch hat „irrsinnig" an erster Stelle (veraltend) die Bedeutung von „geistesgestört" und an zweiter Stelle (umgangssprachlich) von „absurd", zum Beispiel „ein irrsinniges Vorhaben".

Die Zeit hält ihn, dieses große Gefüge, dem er nicht entrinnen kann. Vorbei fluten provozierte Gestalten,

➢ „Etwas provozieren" bedeutet nach dem Wö. d. dt. Spr. v. Be. „künstlich hervorrufen", zum Beispiel „eine Krankheitserscheinung provozieren". Synonyme für „provozieren" sind nach dem Duden unter anderem „auslösen, heraufbeschwören, herbeiführen, hervorrufen, veranlassen, verursachen".

gemusste Dinge.

> Im Wö. d. dt. Spr. v. Be. hat „müssen" (als Modalverb mit Verben) an erster Stelle die Bedeutung von „gezwungen, verpflichtet sein (etwas zu tun), unbedingt zu geschehen haben".

Er fühlt seine vergängliche Herrlichkeit schrumpfen in die unaussprechliche Erbärmlichkeit seiner selbst. Ein Witz kommt ihm, den er ziellos in die Welt hinausschreit:

Die Zeit der Freude hat Pause!

Seine Stiefel treten laut das Pflaster, in seinen Ohren hämmert Wut und Opposition.

> Denn der akustische Eindruck von „Seine Stiefel treten laut das Pflaster" wird vermittelt über die Gehörknöchelchen „Hammer, Amboss und Steigbügel" im Mittelohr.

Er weiß, dass der Tag ihn verließ, dass die Natur ihn zum Spiel hat,

> ➢ Im Wö. d. dt. Spr. v. Be. hat „Natur" an sechster Stelle die Bedeutung von „Person in ihrer Eigenart".

dass Blut des Elends seine Adern füllt, dass jener momentane „Weltschmerz" ihn beherrscht. Schlaf wäre gut, denkt er, und würde manches vergessen lassen.

Nur die Vitalität kann mich retten vor diesem Ausverkauf der Widersprüche,

> ➢ Im Wö. d. dt. Spr. v. Be. hat „Ausverkauf" an erster Stelle die Bedeutung von „Verkauf aller Waren (um die Lager zu leeren)" und an zweiter Stelle von „das Scheitern", zum Beispiel „der Ausverkauf seiner Politik". – Im gleichen Wörterbuch hat „Widerspruch" an zweiter Stelle die Bedeutung von „nicht logische Aussage, Aussage, die mit einer anderen Aussage, mit etwas nicht übereinstimmt".

nur Ruhe und Liebe. Doch wo? Ich hasse jetzt meine Konkurrenz, und morgen saufe ich mit ihr um die Wette.

Vier Stufen bedeuten eine Höhe.

➢ Wohl zurückkommend auf die oben an-
geführte steinerne Treppe.

***Er liegt vor ihnen. Dann springt er auf. Hat er
den Schrei gehört?***

➢ Nämlich den oben angeführten Schrei:
„Die Zeit der Freude hat Pause!"

***Doch wer sollte in dieser abgelegenen Ecke
schreien? Selten kommt ein Mensch hierher.
Und wenn einer kommt, weiß er es, weil dieser
Weg nicht verborgen bleiben kann. Eine hölzerne Tür, die er Achtung nennt.***

➢ „Tür und Tor zeigen im Traum Zu-
gangsmöglichkeiten an, deren Art sich
aus der weiteren Traumhandlung bestimmen lässt. Entsprechend lassen sich
auch verschlossene oder fehlende Türen
deuten." (Günter Harnisch). – Im Wö.
d. dt. Spr. v. Be. wird „Achtung" definiert als „Anerkennung des Wertes,
Wissen um den Wert von etwas oder
jemandem".

***Er denkt, Gelächter und ernste Mienen viel-
leicht.***

➢ Nämlich bei denen, die das lesen werden.

Sie öffnet sich ohne Zögern. Ein dunkler Flur. Fischgeruch. Kindergedanken kommen ihm. Er steht auf der Straße.

➢ „Straßen oder Wege erscheinen im Traum als Symbole des Lebenswegs ..." (Günter Harnisch)

Ein Pferdekarren.

➢ „Die Beziehung zwischen dem Pferd und seinem Herrn dürfte in früheren Zeiten die persönlichste gewesen sein, die zwischen Tier und Mensch überhaupt denkbar ist. In den antiken Mythen, Sagen und Märchen verkörpert das Pferd biologische Lebenskraft. Der Hengst mit seiner Kraft und Schnelligkeit gilt als Symbol männlicher Vitalität und Potenz ..."(Günter Harnisch). – Und zu „Karren" heißt es beim „Der Traumdeuter.ch" unter anderem: „Psychologisch: Karren steht meist für die Pflichten und anderen Belastungen, die den Lebensweg behindern, – das gilt vor allem dann, wenn man einen Karren mit Steinen zieht oder schiebt. Fast immer ist es jedoch der Karren, den

wir aus dem Dreck ziehen müssen ..." –
Dazu eine Bibelstelle: „Und zum Mann
sprach er: Weil du gehorcht hast der
Stimme deiner Frau und gegessen von
dem Baum, von dem ich dir gebot und
sprach: Du sollst nicht davon essen –,
verflucht sei der Acker um deinetwillen!
Mit Mühsal sollst du dich von ihm nähren dein Leben lang. Dornen und Disteln soll er dir tragen, und du sollst das
Kraut auf dem Felde essen. Im Schweiße
deines Angesichts sollst du dein Brot essen, bis du wieder zu Erde wirst, davon
du genommen bist. Denn **Staub** bist du
und zum Staub kehrst du zurück." (1.
Mose 3:17–19)

Zwischen dem Vor und dem Alten
dort öffnet sich die letzte Hoffnung
das Zögern hat seinen Tag beendet
wie der Bergmann den Stollen.

In der Geburt des Wassers
Seltenheitsdiebe fließen im Kreis
mit aufgesteckten Federn
kehrt die Erinnerung in sich zurück.

Zu drei Pfund das Stück
verkaufen sich Seiten
Blätter wirbelt der Herbst
Dächer schützen die Andacht.

Die lachenden Augen eines Gedankens
am Fluss sitzen die Angler
während weit fort im Ungewissen
sitzen die Angler auf Fischen.

Runde Formen klären die Zeit
geschmacklose Kanten trösten das Wort
zwischen allem
liegen die Wölfe im Schlaf.

Kurz vor 24:00 Uhr

Hat man das Küstenwachboot zerlöchert? Bald scheint es so, denn aus vielen Löchern kommt irgendwoher Licht. Der notgedrungene Seemann, hei, wie die Gedanken flitzen, kotzt sein Pensum über die Maßen. Ob es ihm wohltut? Diese Erlösung aus jämmerlicher Nachtzeit. Immerhin, seine schweren Schritte führen zum Ufer. Als Herr über Wind und Wellen fürchtet er das Meer nicht. Doch immer schon war er für den schizophrenen Einbruch, bei aller Vorsicht, denn es gibt viele wachsame Ohren. Er springt ins Wasser und diskutiert seine Lage. Oho – kleine Fische, hier im Hafen, für einen alten Seebär.

Draußen auf See schneit der Wind Regen. Fäulnis überall, wo er hinsieht. Wann kommt der Frühling, denkt er. Da sieht er Schatten im Wasser, die mannshohen Schatten von Männern. Und es sind drei. Genau hat er gezählt, weil der Irrtum sein Feind ist. So ist er gespannt, denn etwas Ungewöhnliches scheint sich anzubahnen. Nur, sein Nachteil war immer schon, er konnte nie zählen, brachte mit seiner Dummheit vor 50 Jahren manchen Lehrer ins Irrenhaus. Das aber war ihm egal, hatte er doch ein großes Selbstvertrauen und kannte er niemals Skrupel. Mit kräftigen Schlägen nähert er sich dem Ort des Geschehens, findet daselbst seine Rechnung bestätigt. Drei

Männer mit ihren Schatten sitzen gemütlich im Hafenbecken. Tolle Kerle, denkt er. Vielleicht leiden sie mich. Und als seine komischen Glieder ihn herangetrieben haben, lässt die Unruhe des Wassers die drei aufschauen. Doch, wie zum Spott, ein Traum, ein Fuseltraum muss ihn genarrt haben. Eine Hand fasst seine Schulter, und in diesem Augenblick kennt er seine echte Situation wieder. Eine Hafenkneipe, vor ihm auf dem Tisch ein Glas mit schmutzigem Schnaps. Die Gäste sind fort, einsam stehen die leeren Flaschen herum – einsam stehen herum. Er blickt auf. Eine Dirn versucht, ihn aufzureißen. Erbärmlich. Morgen geht das Schiff. Dann wird er für sechs Wochen auf See sein. Wind, Wasser, Salz, Arbeit und Sehnsucht. Müde erhebt er sich. Eine einzige Lampe ist angelassen.

Seine Hand greift die Schulter des Mädchens. Torkelnd geht er dem Ausgang zu. Morgen geht das Schiff, denkt er. Dann gehen sie die schmutzige Straße hinunter. Die schwachen Umrisse der verankerten Schiffe sehen zu ihm herauf. Schon fühlt er ihre Planken. Das Mädchen liegt in seinen Armen, er denkt an die lange Reise, denkt an den Schweiß, den ihm schwere Trosse aus der Haut treiben, denkt an die wahnsinnigen Stürme, sieht sein Schiff auf einer Klippe. Das Wasser steigt im Schiffsraum, langsam legt sich der große Koloss seitwärts. Ein schwerer Brecher fegt über das Verdeck, reißt ihn mit, er fühlt, wie das Wasser seinen Atem erstickt, er schlägt wild um sich. Das Mädchen streichelt die muskulösen Schultern, fährt mit ihren Händen über die behaarte Brust, nimmt das braungebrannte Gesicht in ihre Arme und küsst den nach Tabak schmeckenden Mund. Eine Nacht hat ihre Dunkelheit hervorgeholt, fern vom Meer kommt das Leuchtfeuer, am Himmel jagen Wolken in endloser Hast.

Drei Schatten im Hafenbecken beenden ihre Sitzung. Der Wind kräuselt die Wellen. Sie wanken zur Oberfläche. Dort werden sie flach und kriechen wie Amöben zum Morgen.

Aufgliederung des Textes

Zwischen dem Vor und dem Alten,
dort öffnet sich die letzte Hoffnung.
Das Zögern hat seinen Tag beendet
wie der Bergmann den Stollen.

In der Geburt des Wassers
Seltenheitsdiebe fließen im Kreis.
Mit aufgesteckten Federn
kehrt die Erinnerung in sich zurück.

Zu drei Pfund das Stück

verkaufen sich Saiten.
Blätter wirbelt der Herbst,

Dächer schützen die Andacht!

Die lachenden Augen eines Gedankens:
Am Fluss sitzen die Angler,
während weit fort im Ungewissen
sitzen die Angler auf Fischen.

Runde Formen klären die Zeit!

Geschmacklose Kanten trösten, das Wort.
Zwischen allem
liegen die Wölfe im Schlaf.

Kurz vor 24:00 Uhr

Hat man das Küstenwachboot zerlöchert? Bald
scheint es so, denn aus vielen Löchern kommt
irgendwoher Licht. Der notgedrungene Seemann
– hei, wie die Gedanken flitzen! – kotzt sein Pensum über die Maßen.

Ob es ihm wohltut?

Diese Erlösung aus jämmerlicher Nachtzeit? –
Immerhin, seine schweren Schritte führen zum
Ufer. Als Herr über Wind und Wellen fürchtet er

das Meer nicht. Doch immer schon war er für den schizophrenen Einbruch, bei aller Vorsicht, denn es gibt viele wachsame Ohren. Er springt ins Wasser und diskutiert seine Lage: Oho – kleine Fische ...

Hier im Hafen!

... für einen alten Seebär.

Draußen auf See,

schneit der Wind,

Regen!

Fäulnis überall, wo er hinsieht. Wann kommt der Frühling, denkt er. Da sieht er Schatten im Wasser, die mannshohen Schatten von Männern. Und es sind drei. Genau hat er gezählt, weil der Irrtum sein Feind ist. So ist er gespannt, denn etwas Ungewöhnliches scheint sich anzubahnen. Nur, sein Nachteil war immer schon, er konnte nie zählen, brachte mit seiner Dummheit vor 50 Jahren manchen Lehrer ins Irrenhaus. Das aber war ihm egal, hatte er doch ein großes Selbstvertrauen und kannte er niemals Skrupel. Mit kräftigen Schlägen nähert er sich dem Ort des Geschehens, findet daselbst seine Rechnung bestätigt. Drei Männer mit ihren Schatten sitzen gemütlich im Hafenbecken. Tolle Kerle, denkt er. Vielleicht leiden sie mich. Und als seine komischen Glieder ihn herangetrieben haben, lässt die Unruhe des Wassers die drei aufschauen. Doch, wie zum Spott, ein Traum, ein Fuseltraum muss ihn genarrt haben. Eine Hand fasst seine Schulter, und in diesem Augenblick kennt er seine echte Situation wieder: eine Hafenkneipe, vor ihm auf dem Tisch ein Glas mit schmutzigem Schnaps. Die Gäste sind fort, einsam stehen die leeren Flaschen herum ...

Einsam stehen herum!

Er blickt auf. Eine Dirn versucht, ihn aufzureißen. Erbärmlich. Morgen geht das Schiff. Dann wird er für sechs Wochen auf See sein. Wind, Wasser, Salz, Arbeit und Sehnsucht. Müde erhebt er sich. Eine einzige Lampe ist angelassen. Seine Hand greift die Schulter des Mädchens. Torkelnd geht er dem Ausgang zu. Morgen geht das Schiff, denkt er. Dann gehen sie die schmutzige Straße hinunter. Die schwachen Umrisse der verankerten Schiffe sehen zu ihm herauf. Schon fühlt er ihre Planken. Das Mädchen liegt in seinen Armen. Er denkt an die lange Reise, denkt an den Schweiß, den ihm schwere Trosse aus der Haut treiben, denkt an die wahnsinnigen Stürme, sieht sein Schiff auf einer Klippe. Das Wasser steigt im

Schiffsraum, langsam legt sich der große Koloss seitwärts. Ein schwerer Brecher fegt über das Verdeck, reißt ihn mit. Er fühlt, wie das Wasser seinen Atem erstickt, er schlägt wild um sich. – Das Mädchen streichelt die muskulösen Schultern, fährt mit ihren Händen über die behaarte Brust, nimmt das braungebrannte Gesicht in ihre Arme und küsst den nach Tabak schmeckenden Mund. Eine Nacht hat ihre Dunkelheit hervorgeholt, fern vom Meer kommt das Leuchtfeuer, am Himmel jagen Wolken in endloser Hast.

Drei Schatten im Hafenbecken beenden ihre Sitzung. Der Wind kräuselt die Wellen. Sie wanken zur Oberfläche. Dort werden sie flach und kriechen wie Amöben zum Morgen.

Deutung

➢ *Tagebucheintrag inspiriert.*

Zwischen dem Vor und dem Alten,

➢ *Der 11. Januar 1961 war ein Mittwoch. In Verbindung damit, und auch im Textzusammenhang, ist diese Textstelle wohl zu verstehen im Sinne von: Zwischen dem, was zeitlich vor mir liegt, und dem, was hinter mir liegt* dort öffnet sich die letzte Hoffnung.

➢ *Also im Jetzt*

Das Zögern hat seinen Tag beendet

➢ *Nach dem Wörterbuch der deutschen Sprache von Bertelsmann (Wö. d. dt. Spr. v. Be.) hat „zögern" die Bedeutung von „unschlüssig sein, unschlüssig warten". – Ein Synonym für Tag ist nach „Woxikon" unter anderem „Zeit".*

wie der Bergmann den Stollen.

➢ *„… Wer tief in die Erde eindringt, gelangt in Bereiche der Vergangenheit, der Geschichte und des Todes. Wer aus der Erde aufsteigt, erwacht zu neuem Leben. Mit diesem Traumbild kann auch die Geschichte der eigenen Persönlichkeit gemeint sein. Wer sich zu tief in die Erde eingräbt, lebt nur noch seinen Erinnerungen. Er entfernt sich von der Wirklichkeit. Wer sich aus der Erde befreit, wird lebenstüchtig. Er erlebt eine körperliche oder geistige Wiedergeburt und gewinnt neue Lebensperspektiven …" (Günter Harnisch)*

In der Geburt des Wassers

> „Eine Geburt zeigt im Traum das Entstehen von etwas Neuem an. In den seltensten Fällen ist damit die Geburt eines Kindes gemeint. Meist bezieht sich dieses Bild auf neue Möglichkeiten. Welcher Art sie sind, lässt sich aus dem Zusammenhang des Traumgeschehens entnehmen." (Günter Harnisch). – „Das Wasser symbolisiert im Traum unbewusste seelische Energie. Es entspricht in etwa dem volkstümlichen Begriff Lebenswasser ..." (Günter Harnisch)

Seltenheitsdiebe fließen im Kreis.

> Bei „Seltenheitsdiebe" handelt es sich wohl, in Anlehnung an „Gelegenheitsdiebe", um eine Wortneuschöpfung. Ein Gelegenheitsdieb ist nach dem Duden „jemand, der einen Gelegenheitsdiebstahl begeht". – Im Wö. d. dt. Spr. v. Be. hat „Seltenheit" an erster Stelle die Bedeutung von „seltenes Vorkommen". – „Diebstähle oder Einbrecher im Traum sind wörtlich zu nehmen: Sie

186

zeigen einen drohenden oder bereits eingetretenen Verlust an persönlichen Eigenschaften, Fähigkeiten, Gefühlsbereichen oder persönlichen Beziehungen an." (Günter Harnisch). – „Der Kreis ist, wie auch der Ring, ein Ganzheitssymbol. Ihm wurde in alter Zeit in den Märchen und Mythen die Kraft eines Schutz- und Abwehrzaubers zugeschrieben. Alles, was sich im Traum in dem Kreis abspielt, hat besondere Bedeutung. Allgemein signalisiert der Kreis im Traum eine Konzentration psychischer Energie." (Günter Harnisch). Im Textzusammenhang ist hier mit „Kreis" mein psychischer Zustand gemeint, in welchem ich mich während dieses Tagebucheintrags befand.

Mit aufgesteckten Federn

- ➢ „Sich mit fremden Federn schmücken" bedeutet nach dem Wö. d. dt. Spr. v. Be. „die Gedanken oder Taten eines anderen als die eigenen ausgeben".

kehrt die Erinnerung in sich zurück.

➤ Eine Erinnerung, die in sich zurück-
kehrt, ist wieder da. Gemeint ist damit
wohl, dass es mir etwa 50 Jahre später, mithilfe verschiedener Lexika, einschließlich derjenigen der Traumsymbo-
lik, und wohl auch der Inspiration ge-
lingt, die Tagebuchtexte zu deuten.

Zu drei Pfund das Stück
verkaufen sich Saiten.
➤ Im Wö. d. dt. Spr. v. Be. hat „Saite" an
zweiter Stelle (im übertragenen Sinn)
die Bedeutung von „Gefühl", zum Beispiel: „in jemandem eine Saite zum
Klingen bringen".
Blätter wirbelt der Herbst,
➤ „Die Blätter an Bäumen und Sträu-
chern symbolisieren im Allgemeinen die
Gefühle und Gedanken des Träumenden. Der jahreszeitliche Entwick-
lungsstand der Blätter lässt dabei nähe-
re Rückschlüsse auf deren Beschaffenheit zu. Junge, knospende Blätter deuten auf neue Gedanken, keimende Hoff-
nungen oder erwachende Gefühle. Voll

entwickeltes, gesundes grünes Laub weist auf seelische Ausgeglichenheit und ein erfülltes Leben hin. Herbstlaub bringt durch Lebenserfahrung gereiftes und geordnetes Denken und Fühlen zum Ausdruck. Welkendes, abfallendes Laub symbolisiert überlebte Gedanken, sterbende Gefühle, Enttäuschungen und Resignation ..." (Günter Harnisch). – Im Wö. d. dt. Spr. v. Be. wird „Herbst" definiert als „Jahreszeit der Reife, der Ernte und des Welkens", zum Beispiel (im übertragenen Sinn) der „Herbst des Lebens".

Dächer schützen die Andacht!

Die lachenden Augen eines Gedankens:

> ➢ „Im Volksmund bezeichnet man die Augen als den Spiegel der Seele. Das Auge hat im Traum die Symbolbedeutung eines Bewusstseinsorgans ..." (Günter Harnisch)

Am Fluss sitzen die Angler,

> ➤ Im Wö. d. dt. Spr. v. Be. hat „angeln"
> an erster Stelle die Bedeutung von „mit
> der Angel Fische fangen".

während weit fort im Ungewissen

> ➤ Im Wö. d. dt. Spr. v. Be. hat „ungewiss"
> an erster Stelle die Bedeutung von
> „nicht festgelegt, nicht feststehend, of-
> fen", zu, zum Beispiel „ein ungewisses
> Schicksal".

sitzen die Angler auf Fischen.

> ➤ „Auf etwas sitzen bleiben" bedeutet
> nach dem Redensarten-Index unter an-
> derem „etwas in seinem Besitz hal-
> ten; etwas nicht loswerden; etwas nicht
> verkaufen können". – „... Da man das
> Triebhafte des Säugetieres an ihm nicht
> bemerkt, gilt der Fisch nicht eigentlich
> als Tier, sein Fleisch nicht als blutiges
> Fleisch. Er ist vielleicht deshalb wegen
> seiner eigenartigen Herkunft oft heilige
> Speise. Im christlichen Kulturraum ist
> dieses Heilige verbunden mit dem neu-
> testamentlichen Fischwunder und steht
> im Zusammenhang mit Petrus dem Fi-

scher. Zudem bilden im Griechischen die Anfangsbuchstaben von ‚Jesus Christus, Sohn Gottes und Retter‘ zusammen das Wort Ichthys, Fisch ...“ (Ernst Aeppli)

Runde Formen klären die Zeit!

➢ Synonyme für „rund“ sind nach dem Duden unter anderem „kreisförmig, kugelförmig, ringförmig“. – Im Wö. d. dt. Spr. v. Be. hat „rund“ an vierter Stelle (im übertragenen Sinn) die Bedeutung von „schön, vollendet“. – Im gleichen Wörterbuch hat „Form“ an erster Stelle die Bedeutung von „Gestalt, Umriss, äußere Erscheinung“, an dritter Stelle von „äußere Art der Darstellung“, an vierter Stelle von „körperlicher und/oder geistiger Zustand“ und an fünfter Stelle von „festgelegte Art des Umgangs mit anderen Menschen, Norm des Verhaltens innerhalb einer Gesellschaft“.– „Etwas klären“ hat im genannten Wörterbuch an erster Stelle die Bedeutung von „klar, durchsichtig machen" und an zweiter Stelle von „ermitteln, wie sich etwas verhält, Unklarheit in etwas beseitigen".

Geschmacklose Kanten trösten,

> „Klare Kante zeigen" bedeutet nach dem Redensarten-Index „sich eindeutig positionieren; seinen eigenen Standpunkt klar nennen; sich abgrenzen; streng vorgehen". – Im Wö. d. dt. Spr. v. Be. wird „geschmacklos" definiert als „ohne Geschmack". Im gleichen Wörterbuch hat „Geschmack" an dritter Stelle die Bedeutung von „Fähigkeit, Schönes und Hässliches, künstlerisch Wertvolles und Wertloses zu unterscheiden, Sinn für Stil, für gutes Benehmen".– „Jemanden trösten" bedeutet, ebenfalls nach dem genannten Wörterbuch, „Trost geben, beruhigend, ermunternd zu jemandem reden".

das Wort.

> Denn „Im Anfang war das Wort und das Wort war bei Gott und das Wort war Gott. Dieses war im Anfang bei

Gott. Alles ist durch das Wort geworden und ohne es wurde nichts, was geworden ist." (Johannes 1,1–3)

Zwischen allem
liegen die Wölfe im Schlaf.

➢ „Tiere verkörpern im Traum die Naturseite des Menschen. Sie vertreten gleichsam die Instinkte und Ahnungen. Menschliche Eigenschaften werden in Sprache und Literatur – in den Fabeln und Comics – durch Tiere und Tierverhaltensweisen dargestellt ..." (Günter Harnisch). – Zu „Wolf" heißt es beim gleichen Autor: „In der Traumsprache verkörpert dieses Tier Triebhaftigkeit und rücksichtslose Aggressivität." – Im Wö. d. dt. Spr. v. Be. hat „schlafen" an vierter Stelle die Bedeutung von „den Beischlaf, Geschlechtsverkehr ausüben".

<u>Kurz vor 24:00 Uhr</u>
➢ Tagebucheintrag inspiriert.

Hat man das Küstenwachboot zerlöchert?

➢ „Ein **Küstenschutzschiff** (oder **Küstenwa chschiff**) ist ein leich- tes <u>Mehrzweckkampfschiff</u>, das haupt- sächlich zur Überwachung der eige- nen <u>Territorialgewässer</u> dient ...“ (Wiki- pedia). – Zu „Boot“ bzw. Schiff schreibt Günter Harnisch: „Ein Schiff im Traum symbolisiert das Lebensschiff. Die Fahrt mit dem Schiff über große Gewässer oder Flüsse deutet auf die Lebensreise hin.“ – „Wie in der Wirklichkeit so kann der Polizist auch in der Traum- sprache die Staatsgewalt verkörpern. Meist symbolisiert er im Traum aber mehr eine hilfreiche psychische Ord- nungsfunktion, nämlich das Gewissen.“ (Günter Harnisch). – „Zerlöchern“ hat nach dem Duden (DWDS) die Bedeu- tung von „etwas durchlöchern“.

Bald scheint es so, denn aus vielen Löchern kommt irgendwoher Licht.

➢ Im Wö. d. dt. Spr. v. Be. hat „Loch“ an erster Stelle die Bedeutung von „Öff- nung, Höhlung, Lücke“. – „Licht in et-

was bringen" bedeutet nach dem gleichen Wörterbuch „eine Sache aufklä-
ren".

Der notgedrungene Seemann –

➢ Nach dem Wö. d. dt. Spr. v. Be. hat
„notgedrungen" die Bedeutung von
„gezwungenermaßen, aus Notwendig-
keit". – „Alle im Traum auftretenden
Menschen können bestimmte Seiten der
Persönlichkeit des Träumenden verkörpern. Während Bekannte auf vertraute
Wesenszüge und Verhaltensweisen hinweisen, symbolisieren Fremde die unbekannten oder verdrängten Persönlichkeitsaspekte ..." (Günter Harnisch)

hei, wie die Gedanken flitzen! –

➢ Nämlich im Rahmen der Inspiration
bzw. beim automatischen Schreiben.

kotzt sein Pensum über die Maßen.

➢ „Es ist zum Kotzen" bedeutet nach dem
Wö. d. dt. Spr. v. Be. (derb) „es ist un-
erträglich". – Im gleichen Wörterbuch
wird „Pensum" definiert als „in einer
bestimmten Zeit zu erledigende Arbeit

von bestimmtem Umfang". – „Über alle Maßen" bedeutet nach dem Redensarten-Index unter anderem „übermäßig, maßlos".

Ob es ihm wohltut?

Diese Erlösung aus jämmerlicher Nachtzeit? –

> „Die Nacht stellt im Traum den gesamten Bereich des Unbewussten dar, der im Dunkeln liegt." (Günter Harnisch)

Immerhin, seine schweren Schritte führen zum Ufer.

> „Die Art des Gehens gibt Hinweise auf den gegenwärtigen Zustand, in dem sich jemand befindet. Ist der Gang mühelos und beschwingt, so weist das auf eine optimistische Grundeinstellung, zumindest auf den Wunsch nach einer solchen hin. Ein mühsamer, schleppender Gang zeigt Schwierigkeiten und Probleme der Persönlichkeitsentwicklung an." (Günter Harnisch). – „Während Wasser in der Traumsprache auf die Gefühlswelt hinweist, symbolisieren

die Ufer den Verstand, der die Gefühle eindämmt, kontrolliert und reguliert ..."
(Günter Harnisch)

Als Herr über Wind und Wellen fürchtet er das Meer nicht.

> Denn in der Bibel steht: „Und Gott schuf den Menschen nach seinem Bilde – nach dem Bilde Gottes schuf er ihn; als Mann und Weib schuf er sie." (1. Mose 1:27) – Dazu die Sturmstillung durch Jesus auf dem See Genezareth (Markus 4: 35–41) und die Bibelstelle: „An dem Tage werdet ihr erkennen, dass ich in meinem Vater bin und ihr in mir und ich in euch." (Johannes 14:20)

Doch immer schon war er für den schizophrenen Einbruch,

> Mit letzterem ist wohl der Satz zuvor gemeint, der an dieser Textstelle nicht folgerichtig ist. – Im Wö. d. dt. Spr. v. Be. hat „Einbruch" an vierter Stelle die Bedeutung von „plötzliche, unerwartete Veränderung". – „Geschieht im Traum ein Einbruch oder treten Einbrecher auf, so informiert das Traumbewusst-

sein über einen drohenden oder bereits eingetretenen Verlust. Einbruch kann aber auch das Eindringen unbewusster Inhalte in die Vorstellungswelt des Träumenden bedeuten, die er in seinem Tagesbewusstsein übersehen oder verdrängt hat." (Günter Harnisch). Dementsprechend ist diese Textstelle zu verstehen im Sinne von: Doch immer schon war er für den Übergang in einen schizophrenen Schreibstil. Denn aufgrund meiner damaligen Wissenschaftsgläubigkeit ging ich davon aus, dass unser gesamtes Denken auf Reaktionsabläufen in unserem Gehirn beruhe. Das belastete mich schwer und nahm mir die Lust am Nachdenken, sodass ich bei meinen Eintragungen ins Tagebuch, zu denen ich mich innerlich gedrängt fühlte, meist nur das schrieb, was mir gerade einfiel, und zwar im Rahmen eines plötzlich einsetzenden Gedankenflusses, der eine gewisse Zeit anhielt und dann wieder abrupt endete. Er hinterließ bei

> mir immer ein Gefühl der Zufrieden-
> heit. Aber das von mir zu Papier Ge-
> brachte war mir fast immer unver-
> ständlich und wirkte wie schizophren.
> Hier war also wieder ein „Seltenheits-
> dieb" aktiv.

bei aller Vorsicht, denn es gibt viele wachsame Ohren.

> ➢ Nämlich unter denen, die von diesen „schizophrenen Einbrüchen" hören.

Er springt ins Wasser

> ➢ „Das Wasser symbolisiert im Traum un-bewusste seelische Energie …" (Günter Harnisch)

und diskutiert seine Lage:

> ➢ Im Wö. d. dt. Spr. v. Be. hat „Lage" an dritter Stelle die Bedeutung von „au-genblicklich bestehende Verhältnisse", zum Beispiel „eine verzweifelte Lage".

Oho – kleine Fische …

> ➢ „Kleine Fische" bedeutet nach dem Re-densarten-Index unter anderem „unbe-deutende Angelegenheiten".

Hier im Hafen!

... für einen alten Seebär.

Draußen auf See,

schneit der Wind,

> ➢ „Jemandem ins Haus schneien" bedeutet nach dem Wö. d. dt. Spr. v. Be. (im übertragenen Sinn und umgangssprachlich) „unerwartet bei jemandem auftauchen, jemanden unangemeldet besuchen". — Bezüglich Haus schreibt Günter Harnisch unter anderem: „Das Haus stellt im Traum das Gehäuse der Seele dar ...". — „... Oft ist der Wind Hinweis auf starke geistige Energien ..." (Günter Harnisch). — In meinen inspirierten Tagebuchtexten symbolisiert der Wind meist den Gedankenaustausch im Rahmen einer Inspiration bzw. des automatischen Schreibens.

Regen!

> ➢ „Der Regen ist ein Fruchtbarkeitssymbol. [...] Manchmal ist dieses Symbol aber auch Ausdruck von Traurigkeit

oder depressiver Stimmung." (Günter Harnisch)

Fäulnis überall, wo er hinsieht.

> Nämlich im Hafen. — Synonyme für „Fäulnis" sind nach Thesaurus unter anderem „Verwesung, Spaltung, Zersetzung, Auflösung, Verfall".

Wann kommt der Frühling, denkt er.

> Zu Frühling schreibt Günter Harnisch: „Dieses Traumbild ist mit dem Symbol Jugend in der Bedeutung verwandt. Es symbolisiert neue psychische und körperliche Kraft."

Da sieht er Schatten im Wasser, die mannshohen Schatten von Männern.

> Im Wö. d. dt. Spr. v. Be. hat „Schatten" an zweiter Stelle die Bedeutung von „Bereich, der nicht vom Licht getroffen wird" und an dritter Stelle von „dunkler Fleck, dunkle Erscheinung". — „Alle im Traum auftretenden Menschen können bestimmte Seiten der Persönlichkeit des Träumenden verkörpern. Während Bekannte auf vertraute Wesenszü-

ge und Verhaltensweisen hinweisen, symbolisieren Fremde die unbekannten oder verdrängten Persönlichkeitsaspekte ..." (Günter Harnisch)

Und es sind drei.

> „Seit dem Altertum gilt die Drei als magische Zahl. In Indien sind Brahma, Vishnu und Shiva eine göttliche Dreiheit. Auch altägyptische und die christlichen Religionen gehen von der Dreifaltigkeit Gottes aus. [...] Die Drei hat ein männliches Vorzeichen. Sie ist Symbol des Geistes und der schöpferischen Dynamik." (Günter Harnisch)

Genau hat er gezählt,

> „Etwas oder jemanden zählen" hat im Wö. d. dt. Spr. v. Be. an erster Stelle die Bedeutung von „die Anzahl von etwas oder von Personen feststellen".

weil der Irrtum sein Feind ist. So ist er gespannt, denn etwas Ungewöhnliches scheint sich anzubahnen. Nur, sein Nachteil war immer schon, er konnte nie zählen,

> Synonyme für „zählen" sind nach dem Duden unter anderem „als gültig ansehen, gelten lassen".

brachte mit seiner Dummheit vor 50 Jahren manchen Lehrer ins Irrenhaus.

> 2012, also 51 Jahre nach diesem Tagebucheintrag, begann ich mit der Veröffentlichung meiner Tagebücher. – Im Wö. d. dt. Spr. v. Be. hat „irren" an erster Stelle die Bedeutung von „eine falsche Auffassung (von etwas) haben". – „Das Haus stellt im Traum das Gehäuse der Seele dar ..." (Günter Harnisch)

Das aber war ihm egal, hatte er doch ein großes Selbstvertrauen und kannte er niemals Skrupel.

> Im Wö. d. dt. Spr. v. Be. wird „Skrupel" definiert als „Bedenken, Gewissensbisse". – Infolge meiner damaligen Wissenschaftsgläubigkeit ging ich, wie oben schon einmal angeführt, davon aus, dass unser gesamtes Denken, Reden und Handeln auf Reflexabläufen in unserem Zentralnervensystem beruhe.

Mit kräftigen Schlägen nähert er sich dem Ort des Geschehens, findet daselbst seine Rechnung bestätigt.

> ➤ Zurückkommend auf obige Textstelle: „Und es sind drei. Genau hat er gezählt ...“ – Im Wö. d. dt. Spr. v. Be. hat „Rechnung“ an dritter Stelle die Bedeutung von „das Berechnen, Erwarten, Planen“.

Drei Männer mit ihren Schatten sitzen gemütlich im Hafenbecken. Tolle Kerle, denkt er.

> ➤ „Alle im Traum auftretenden Personen können bestimmte Aspekte der Persönlichkeit des Träumenden wiedergeben. [...] Bekannte und Freunde verkörpern dagegen vertraute Wesenszüge, Gedanken und Gefühle ...“ (Günter Harnisch)

Vielleicht leiden sie mich.

> ➤ „Etwas oder jemanden leiden können“ bedeutet nach dem Wö. d. dt. Spr. v. Be. „etwas oder jemanden gern haben“. – Synonyme für „leiden“ sind nach dem Duden unter anderem „akzeptieren, aushalten, dulden, ertragen, tolerieren“.

Und als seine komischen Glieder ihn herangetrieben haben,

> Synonyme für „Glieder" sind nach The-saurus unter anderem „Körperteile, Gliedmaßen, Extremitäten". – Im Wö. d. dt. Spr. v. Be. hat „Glied" an dritter Stelle die Bedeutung von „Stück eines Ganzen". – Synonyme für „treiben" sind nach dem Duden unter anderem „anstacheln, antreiben, drängen, nöti-gen, veranlassen, zusetzen".

lässt die Unruhe des Wassers die drei aufschau-en.

> „Das Wasser symbolisiert im Traum un-bewusste seelische Energie …" (Günter Harnisch). – Nach dem Wö. d. dt. Spr. v. Be. hat „aufschauen" die Bedeutung von „nach oben, in die Höhe schauen".

Doch, wie zum Spott,

> Wohl wie zum Spott von zukünftigen Lesern. – Im Wö. d. dt. Spr. v. Be. wird „Spott" definiert als „das Sichlustigma-chen über andere, abschätzige, scha-denfrohe Bemerkung", zum Beispiel „er

erntete mit seinem Plan Hohn und Spott".

ein Traum, ein Fuseltraum muss ihn genarrt haben. Eine Hand fasst seine Schulter, und in diesem Augenblick kennt er seine echte Situation wieder: eine Hafenkneipe, vor ihm auf dem Tisch ein Glas mit schmutzigem Schnaps.

> Im Wö. d. dt. Spr. v. Be. wird „Schnaps" definiert als „klarer, starker Branntwein". – Im gleichen Wörterbuch hat „schmutzig" an zweiter Stelle die Bedeutung von „unanständig" und an dritter Stelle von „niedrig, gemein".

Die Gäste sind fort, einsam stehen die leeren Flaschen herum ...

> „In der Traumsprache symbolisieren Gefäße aller Art meist den Leib der Frau und die weibliche Sexualität ..." (Günter Harnisch)

Einsam stehen herum!

Er blickt auf. Eine Dirn versucht, ihn aufzureißen. Erbärmlich. Morgen geht das Schiff. Dann wird er für sechs Wochen auf See sein. Wind, Wasser, Salz, Arbeit und Sehnsucht. Müde erhebt er sich. Eine einzige Lampe ist angelassen.

> „Das Bild der Lampe oder Laterne fin-
> det sich öfters in den Märchen. Es er-
> scheint dort stets, wenn die Handlung
> darauf zielt, dass dem Helden ein Licht
> aufgehen soll, oder wenn das Aufgehen
> eines solchen Lichtes unmittelbar bevor-
> steht. Im Traum deutet das Bild eines
> Lichts, einer Lampe oder Laterne da-
> rauf hin, dass ein dem Träumenden
> unbewusstes Problem sich dem Be-
> wusstsein nähert." (Günter Harnisch)

Seine Hand greift die Schulter des Mädchens.
Torkelnd geht er dem Ausgang zu. Morgen geht
das Schiff, denkt er. Dann gehen sie die schmutzige Straße hinunter.

> „Straßen oder Wege erscheinen im
> Traum als Symbole des Lebenswegs ..."
> (Günter Harnisch)

Die schwachen Umrisse der verankerten Schiffe
sehen zu ihm herauf.

> Im Wö. d. dt. Spr. v. Be. hat „schwach"
> an sechster Stelle die Bedeutung von
> „gering, kaum in Erscheinung tretend,
> kaum vorhanden". – „Ein Schiff im
> Traum symbolisiert das Lebensschiff. Die

> Fahrt mit dem Schiff über große Ge-
> wässer oder Flüsse deutet auf die Le-
> bensreise hin." (Günter Harnisch)

Schon fühlt er ihre Planken. Das Mädchen liegt in seinen Armen.

> ➢ „Arm und Hand gehören eng zusam-
> men. In der Traumsprache ist der Arm
> die Grundlage des Handelns." (Günter
> Harnisch)

Er denkt an die lange Reise, denkt an den Schweiß, den ihm schwere Trosse aus der Haut treiben,

> ➢ „Und zum Mann sprach er: Weil du ge-
> horcht hast der Stimme deiner Frau
> und gegessen von dem Baum, von dem
> ich dir gebot und sprach: Du sollst nicht
> davon essen –, verflucht sei der Acker
> um deinetwillen! Mit Mühsal sollst du
> dich von ihm nähren dein Leben
> lang. Dornen und Disteln soll er dir
> tragen, und du sollst das Kraut auf dem
> Felde essen. Im Schweiße deines Ange-
> sichts sollst du dein Brot essen, bis du
> wieder zu Erde wirst, davon du ge-
> nommen bist. Denn Staub bist du und

zum Staub kehrst du zurück." (1. Mose 3:17–19)

denkt an die wahnsinnigen Stürme,

> Im Wö. d. dt. Spr. v. Be. hat „wahnsinnig" an erster Stelle die Bedeutung von „an Wahnsinn leidend, geistig gestört" und an zweiter Stelle (im übertragenen Sinn) von „ohne jede Vernunft". — „... Oft ist der Wind Hinweis auf starke geistige Energien. [...] Wo eine starke geistige Bewegtheit einsetzt, dort teilt sie sich oft im Traum als herannahender Sturm mit ..." (Günter Harnisch)

sieht sein Schiff auf einer Klippe.

> „Schroffes Gestein, Felsgeröll und Klippen symbolisieren körperliche und geistig-seelische Festigkeit und Stärke, aber auch Härte, Kälte und Egoismus ..." (Günter Harnisch)

Das Wasser steigt im Schiffsraum, langsam legt sich der große Koloss seitwärts. Ein schwerer Brecher fegt über das Verdeck, reißt ihn mit. Er fühlt, wie das Wasser seinen Atem erstickt,

> Das Wasser symbolisiert im Traum unbewusste seelische Energie ..." (Günter

Harnisch). – „Das Ein- und Ausatmen bedeutet Anspannung und Entspannung. Es veranschaulicht auf diese Weise Lebensenergie. In der Traumsprache weist freier Atem auf unbehinderte Entfaltung der Energie und auf das Gleichgewicht der seelischen und körperlichen Kräfte hin. Muss man dagegen um Atem ringen oder droht man gar zu ersticken, so zeigt sich darin eine Beeinträchtigung der Persönlichkeitsentfaltung. Wiederholen sich solche Traumbilder und lösen sie starke Angstgefühle aus, so deutet dies auf eine ernsthafte seelische Störung oder auf eine körperliche Erkrankung hin." (Günter Harnisch)

er schlägt wild um sich. – Das Mädchen streichelt die muskulösen Schultern, fährt mit ihren Händen über die behaarte Brust, nimmt das braungebrannte Gesicht in ihre Arme und küsst den nach Tabak schmeckenden Mund. Eine Nacht hat ihre Dunkelheit hervorgeholt,

> „Die Nacht stellt im Traum den gesamten Bereich des Unbewussten dar, der

im Dunkeln liegt." (Günter Harnisch). —
„Was im Dunkel liegt, kann man nicht
durchschauen und nicht begreifen. Damit sind Gedanken, Gefühle und Handlungen gemeint. Als Traumbild weist die
Dunkelheit meist auf Verständnislosigkeit, Unwissenheit, das Unbewusste,
Angst, Alter und Tod hin. Dieses Bild
stellt oft unklare Ahnungen und Gefühle
dar, Zweifel und Ungewissheit ..."
(Günter Harnisch)

fern vom Meer kommt das Leuchtfeuer,

> „Das Meer ist ein archetypisches Symbol
für den Ursprung des Lebendigen überhaupt, nicht des persönlichen Lebens eines Individuums. In seiner unabsehbaren
Tiefe und Weite stellt es im Traum das
Kollektive Unbewusste dar ..." (Günter
Harnisch). — „Ähnlich wie die Lampe
oder Laterne signalisiert auch der
Leuchtturm im Traum hilfreiche Orientierung in schwierigen Lebenssituatio-
nen. Er informiert über eine unbewusste

Problematik, die im Begriff ist, ins Bewusstsein zu rücken." (Günter Harnisch)
am Himmel jagen Wolken in endloser Hast.

➢ „Dieses Traumbild gibt Hinweis auf die
gegenwärtige Stimmungslage des
Träumenden. Weiße Wolken an einem
blauen Himmel deuten auf Heiterkeit
und Optimismus. Dunkle Regenwolken
symbolisieren eine pessimistische oder
depressive Stimmung. Brauen sich Ge-
witterwolken zusammen, so stehen hef-
tige Gefühlsausbrüche bevor." (Günter
Harnisch)

Drei Schatten im Hafenbecken beenden ihre
Sitzung.

➢ Im Wö. d. dt. Spr. v. Be. hat „Sitzung"
an erster Stelle die Bedeutung von
„Zusammenkunft einer Personengruppe
o. Ä. zur Beratung", an zweiter Stelle
von „Zusammenkunft mit einem Maler
zum Porträtieren bzw. Porträtiertwer-
den" und an dritter Stelle von „Zusammenkunft mit einem Zahnarzt oder
Therapeuten zur Behandlung".

Der Wind kräuselt die Wellen.

> ➢ In meinen inspirierten Tagebuchtexten symbolisiert der Wind meist den Gedankenaustausch im Rahmen einer Inspiration bzw. des automatischen Schreibens. – „Wind von etwas bekommen" bedeutet nach dem Wö. d. dt. Spr. v. Be. (im übertragenen Sinn) „etwas erfahren". – Nach dem Wö. d. dt. Spr. v. Be. hat „etwas kräuseln" unter anderem die Bedeutung von „zu kleinen Wellen bewegen", zum Beispiel: „der Wind kräuselt das Wasser". – Zu „Wellen" ist im Traumlexikon von Günter Harnisch unter dem Stichwort „Brandung" Folgendes zu lesen: „Die Bedeutung ist die gleiche wie die stürmisch bewegter Meereswogen. Je höher sie gehen, umso heftiger sind die Gefühlswallungen, die durch die Wellen symbolisiert werden. Geht die Brandung ruhig und gleichmäßig, so weist dieses Bild auf ein ausgeglichenes Seelenleben hin."

Sie wanken zur Oberfläche. Dort werden sie flach und kriechen wie Amöben zum Morgen.

> ➢ „Der Morgen, die Morgendämmerung, die Morgenröte, der Sonnenaufgang – diese Zeitangaben im Traum haben positive Bedeutung. Etwas Wesentliches rückt in das Bewusstsein des Träumenden." (Günter Harnisch)

13. Januar 1961, Freitag (Krefeld)

Gestern Abend fuhr ich neuen Rekord. In fünfeinhalb Stunden reiner Fahrtzeit über 300 km. Immerhin eine Leistung für meine Oma „Isetta" mit ihren beinah 75 Jahren. Ein Glück, dass ich den Verbandskasten mithatte. Eine Weinflasche im Auto zertrümmerte eine andere. Zuerst merkte ich nichts, dann kam der Wein näher und näher, durch den Mantel, die Jacke, die Hose, die Unterhose – ein köstlich Nass streichelte meine halberfrorene Haut. Ich wurde neugierig und suchte mit der Hand seine Quelle und fand Glasscherben, die mich böswillig schnitten. Blöderweise wollte ich dann die Sache mit der gesunden Hand nachprüfen. Erfolg: eine zweite Schnittwunde. Mir war übel, das Verdeck offen, weil sonst dauernd die Scheiben vereisten, und die Situation zum Heulen. Das Blut floss wie das Wasser aus der Jungfrauenquelle. Was hatte ich davon? Ich musste verbinden, denn trotz der mordsmäßigen Kälte wollten die Wunden nicht zufrieren, im Gegenteil, das Blut schien froh zu sein, den elenden Körper verlassen zu können. Das kann man verstehen, doch gestern war es mir gar nicht recht. So kam ich dann lädiert, erfroren, aber doch stolz über die Zeit, nach Hause.

Heute machte ich Anatomie, werde das morgen machen, übermorgen usw.

„Psycho", der Film, den ich heute Abend sah, ist für die Spannungsmomente, die dort konstruktiv vorbereitet werden, wert, gesehen zu werden. Ob Schizophrenie in der Art, wie sie dargestellt wurde, möglich ist, weiß ich nicht, doch bezweifeln möchte ich es – weil ich jetzt nichts anderes zu tun habe. Meine Schizophrenie jedenfalls gefällt mir besser, denn ich gehöre zum Nächsten, und dieser Moment kann die Pfeife nicht vertragen.

Die Unaufhaltsamkeit.
Aufgeschwemmt, wie das Wasser den letzten Leichnam, zugenäht, wie das Kind die Eroberung, hat mein Pluszeichen die Akrobatik der Kirmesgedanken. Im Haus ist es still. Eben verlässt der Notruf seine Bestimmung. Ob das gut ist? Weil im Umkreis von drei Meilen mit ihren Verlängerungen ins „n" die dritte Bombe verzehrt wurde. Ob die Angelegenheit gut ist? Die glänzenden – oder gar spiegelnden Augen der Augenzeugen bedachten gewiss Verschiedenes nicht. Unter ihren Füßen gab es unter anderem auch eine leere Etaille. Für wen wohl? Doch, oh Schreck,

niemand ging sie. Ein Zucken hätte genügt für den Meister. Erfolg –

eine hässliche Störung, die umso korrupter als ihre Tante ist. Die großen Höhlen entlocken um 4 1/2 das Sauerkraut, der Hintergrund, eine fahle Interpretation, so das Umgebende, was der Ahnung nachläuft. Wie zum Spott kotzte der Bauer. Eine infame Geschichte voller zärtlicher Weisen. Abbau oder Aufbau, an allem ist nichts zu ändern, mich drängt der kausale Gerichtsvollzieher. Nein, kein Korkenzieher, bei Gott nein. Eine Ähnlichkeit ist für den Eifrigen schon da, eine Beziehung zum Voll. Von welcher Seite wollen wir sie bringen? Die Spirale gewiss. Alles sollte sich jetzt drehen und wenden und knallen. Ein harter Beruf. Die vielen weißen und roten Tränen, der Gefühlsumschlag. Aber die Zeit, meine Herren, steht nicht abseits. Oder halten sie ihn für dumm. Ein bedauerlicher Kunstfehler. Kontinuität ist eben keine Hexerei. Sehen Sie, das Fenster ist blind. Im Keller hat eben der kalte August den Hafer enttäuscht. Nichts für ungut. Ihre Logik ist schon was wert – auch seine. Oder bezweifeln Sie es? Ein Krach im Hinterhaus wird zentral bemerkt.

Aufgliederung des Textes

Gestern Abend fuhr ich neuen Rekord. In fünf-einhalb Stunden reiner Fahrtzeit über 300 km. Immerhin eine Leistung für meine Oma „Isetta" mit ihren beinahe 75 Jahren. Ein Glück, dass ich den Verbandskasten mithatte. Eine Weinflasche im Auto zertrümmerte eine andere. Zuerst merk-te ich nichts, dann kam der Wein näher und nä-her, durch den Mantel, die Jacke, die Hose, die Unterhose – ein köstlich Nass streichelte meine halberfrorene Haut. Ich wurde neugierig und suchte mit der Hand seine Quelle und fand Glas-scherben, die mich böswillig schnitten. Blöder-weise wollte ich dann die Sache mit der gesun-den Hand nachprüfen. Erfolg: eine zweite Schnittwunde. Mir war übel, das Verdeck offen, weil sonst dauernd die Scheiben vereisten, und die Situation zum Heulen. Das Blut floss wie das Wasser aus der Jungfrauenquelle. Was hatte ich davon? Ich musste verbinden, denn trotz der mordsmäßigen Kälte wollten die Wunden nicht zufrieren, im Gegenteil, das Blut schien froh zu sein, den elenden Körper verlassen zu können. Das kann man verstehen, doch gestern war es mir gar nicht recht. So kam ich dann lädiert, er-froren, aber doch stolz über die Zeit nach Hause.

Heute machte ich Anatomie, werde das morgen machen, übermorgen usw.

„Psycho", der Film, den ich heute Abend sah, ist für die Spannungsmomente, die dort konstruktiv vorbereitet werden, wert, gesehen zu werden. Ob Schizophrenie in der Art, wie sie dargestellt wurde, möglich ist, weiß ich nicht, doch bezweifeln möchte ich es, – weil ich jetzt nichts anderes zu tun habe. Meine Schizophrenie jedenfalls gefällt mir besser, denn ich gehöre zum Nächsten, und dieser Moment kann die Pfeife nicht vertragen.

Die Unaufhaltsamkeit

Aufgeschwemmt, wie das Wasser den letzten Leichnam, zugenäht, wie das Kind die Eroberung hat mein Pluszeichen die Akrobatik der Kirmesgedanken. Im Haus ist es still. Eben verlässt der Notruf seine Bestimmung, …

Ob das gut ist?

… weil im Umkreis von drei Meilen mit ihren Verlängerungen ins „n" die dritte Bombe verzehrt wurde.

Ob die Angelegenheit gut ist?

Die glänzenden – oder gar spiegelnden Augen der Augenzeugen bedachten gewiss Verschiedenes nicht. Unter ihren Füßen gab es unter anderem auch eine leere Etaille.

Für wen wohl?

Doch, oh Schreck, niemand ging sie an. Ein Zucken hätte genügt für den Meister. Erfolg: eine hässliche Störung, die umso korrupter als ihre Tante ist. Die großen Höhlen entlocken um 4 1/2 das Sauerkraut. Der Hintergrund eine fahle Interpretation. So das Umgebende, was der Ahnung nachläuft. Wie zum Spott kotzte der Bauer.

Eine infame Geschichte voller zärtlicher Weisen!

Abbau oder Aufbau, an allem ist nichts zu ändern, mich drängt der kausale Gerichtsvollzieher. Nein, kein Korkenzieher, bei Gott, nein! Eine Ähnlichkeit ist für den Eifrigen schon da, eine Beziehung zum „voll". Von welcher Seite wollen wir sie bringen? Die Spirale gewiss. Alles sollte sich jetzt drehen und wenden und knallen. Ein harter Beruf. Die vielen weißen und roten Tränen, der Gefühlsumschlag ...

Aber die Zeit, meine Herren, steht nicht abseits! Oder halten sie ihn für dumm? Ein bedauerlicher Kunstfehler!

... Kontinuität ist eben keine Hexerei.

Sehen Sie, das Fenster ist blind!

Im Keller hat eben der kalte August den Hafer enttäuscht ...

Nichts für ungut, Ihre Logik ist schon was wert – auch seine! Oder bezweifeln Sie es?

Ein Krach im Hinterhaus wird zentral bemerkt.

Deutung

Gestern Abend fuhr ich neuen Rekord. In fünfeinhalb Stunden reiner Fahrtzeit über 300 km. Immerhin eine Leistung für meine Oma „Isetta" mit ihren beinahe 75 Jahren.

> ➤ „mit ihren 75 Jahren" ist vergleichsweise auf ein Menschenleben zu beziehen.

Ein Glück, dass ich den Verbandskasten mithatte. Eine Weinflasche im Auto zertrümmerte eine andere. Zuerst merkte ich nichts, dann kam der

Wein näher und näher, durch den Mantel, die Jacke, die Hose, die Unterhose – ein köstlich Nass streichelte meine halberfrorene Haut. Ich wurde neugierig und suchte mit der Hand seine Quelle und fand Glasscherben, die mich böswillig schnitten. Blöderweise wollte ich dann die Sache mit der gesunden Hand nachprüfen. Erfolg: eine zweite Schnittwunde. Mir war übel, das Verdeck offen, weil sonst dauernd die Scheiben vereisten, und die Situation zum Heulen. Das Blut floss wie das Wasser aus der Jungfrauenquelle.

> ➤ Die „Jungfrauenquelle" ist ein schwedisches Filmdrama von Ingmar Bergman aus dem Jahr 1960.

Was hatte ich davon? Ich musste verbinden, denn trotz der mordsmäßigen Kälte wollten die Wunden nicht zufrieren, im Gegenteil, das Blut schien froh zu sein, den elenden Körper verlassen zu können. Das kann man verstehen, doch gestern war es mir gar nicht recht. So kam ich dann lädiert, erfroren, aber doch stolz über die Zeit nach Hause.

> ➤ Nämlich stolz über die „Rekordzeit" (siehe oben)

Heute machte ich Anatomie, werde das morgen machen, übermorgen usw.

„Psycho", der Film, den ich heute Abend sah, ist für die Spannungsmomente, die dort konstruktiv vorbereitet werden, wert, gesehen zu werden. Ob Schizophrenie in der Art, wie sie dargestellt wurde, möglich ist, weiß ich nicht, doch bezweifeln möchte ich es, – weil ich jetzt nichts anderes zu tun habe. Meine Schizophrenie jedenfalls gefällt mir besser,

> Nämlich (damals) nur das zu schreiben, was mir gerade einfiel, wie zum Beispiel der nachfolgende Rest des Satzes und der daran anschließende Text. Diese wurden, mir aber nicht bewusst, inspiriert . Im Nachhinein ist in ihnen, wie dargestellt, von ihrer Symbolik her ein Sinn zu erkennen.

denn ich gehöre zum Nächsten,

> „Zu jemandem gehören" bedeutet nach dem Wörterbuch der deutschen Sprache von Bertelsmann (Wö. d. dt. Spr. v. Be.) unter anderem „mit jemandem verbunden sein", zum Beispiel: „er gehört zu mir". Und: „An dem Tage werdet ihr erkennen, dass ich in meinem Vater bin und ihr in mir und ich in euch." (Johannes 14:20)

und dieser Moment kann die Pfeife nicht vertragen.

> ➤ Im Wö. d. dt. Spr. v. Be. hat „Pfeife" an fünfter Stelle die Bedeutung von „(kurz für) Tabakspfeife" und an sechster Stelle (umgangssprachlich) von „unfähiger Mensch, Trottel".

Die Unaufhaltsamkeit

> ➤ Im Wö. d. dt. Spr. v. Be. hat „unaufhaltsam" an erster Stelle die Bedeutung von „so beschaffen, dass man es nicht aufhalten, nichts dagegen unternehmen kann", zum Beispiel „das Unheil schreitet unaufhaltsam fort".

Aufgeschwemmt, wie das Wasser den letzten Leichnam,

> ➤ Nämlich, im Textzusammenhang, nach einer Kernwaffenexplosion. – „Das Wasser symbolisiert im Traum unbewusste seelische Energie ..." (Günter Harnisch)

zugenäht, wie das Kind die Eroberung

➢ Zu verstehen im Sinne von: zugenäht, wie die Eroberung (der Eroberungs-krieg) das Kind — Ein Synonym für „zunähen" ist nach dem Duden unter anderem „[durch eine Naht] schließen". — Wenn im Rahmen eines Eroberungs-krieges Kernwaffen eingesetzt werden, kommt es im Gefolge der radioaktiven Verseuchung vermehrt zu drohenden Frühgeburten, die unter bestimmten Umständen bei den davon betroffenen Frauen einen Verschluss des Gebärmut-termundes durch Naht notwendig ma-chen. Im übertragenen Sinne wird also das Kind zugenäht.

hat mein Pluszeichen

➢ Ich gehe davon aus, dass der Geist im Allgemeinen und damit auch der menschliche Geist einen Pluspol und ei-nen Minuspol besitzt. Der Pluspol stellt die helle, erkennende und bejahende Seite der Psyche dar, der Minuspol die dunkle, unbewusste und verneinende Seite. Diese Annahme zu Grunde gelegt,

wäre „hat mein Pluszeichen" zu übersetzen mit „hat mein erkennender
Geist"

die Akrobatik der Kirmesgedanken.

> Im Wö. d. dt. Spr. v. Be. wird „Akroba-
tik" definiert als „Kunst des Akroba-
ten". Nach dem gleichen Wörterbuch
hat „Akrobat" die Bedeutung von „Ar-
tist, der turnerische, auf körperlicher
Kraft und Gelenkigkeit beruhende
Übungen vorführt". - Die Kirmes bezie-
hungsweise die Kirchweih ist ein alljähr-
lich wiederkehrendes Fest zur Erinnerung an die Einweihung der Kirche.
Verbunden mit der kirchlichen Feier ist
ein Jahrmarkt mit Volksbelustigung.
Kirmesgedanken stehen also für im
Grunde ernste Gedanken, hier allerdings dargestellt in Form einer akrobatischen Konstruktion. Der ganze Satz
wäre demnach so zu verstehen: Hoch-
geholt aus dem Unbewussten, wie das
Wasser den letzten Leichnam (nach einer Kernwaffenexplosion im oder über

dem Meer), und zur Vermeidung eines vorzeitigen Verstehens wieder verschlossen, gleich dem Zunähen der Gebärmutter bei einer drohenden Frühgeburt (infolge einer radioaktiven Verseuchung der Umwelt), hat mein erkennender Geist an sich ernste Gedanken in einer akrobatischen Art der Darstellung.

Im Haus ist es still.

➢ Wohl mit einer Doppelbedeutung. Erstens: Im Elternhaus, in dem ich mich gerade aufhalte und schreibe, ist es still. Zweitens: Meine eigenen Gedanken ruhen (denn zu Haus schreibt Günter Harnisch unter anderem: „Das Haus stellt im Traum das Gehäuse der Seele dar …")

Eben verlässt der Notruf seine Bestimmung, …

➢ Nämlich mich als Schreibmedium bei meinem Eintrag ins Tagebuch, das heißt, ich wurde dazu bestimmt, den Notruf zu empfangen.

Ob das gut ist?

> Nämlich dass ich mich von ihm trenne,
> denn seitens der Geistigen Welt war
> bzw. ist seine spätere Veröffentlichung
> durch mich geplant.

... weil im Umkreis von drei Meilen mit ihren Verlängerungen ins „n" die dritte Bombe verzehrt wurde.

> „Meilen" sind ein amerikanisches Längenmaß. — „n wird häufig zur Benennung von <u>Variablen</u> verwendet, deren Werte auf natürliche Zahlen beschränkt sind." (Wikipedia). — Hier wird wohl Bezug genommen auf die Explosion einer Kernwaffe. Nach der Explosion ist das Land in weitem Umkreis radioaktiv verseucht, und mit dem Land auch die dort wachsenden Nahrungsmittel, die dann verzehrt werden.

Ob die Angelegenheit gut ist?

Die glänzenden — oder gar spiegelnden Augen der Augenzeugen bedachten gewiss Verschiedenes nicht.

> Im Wö. d. dt. Spr. v. Be. hat „glänzen"
> an erster Stelle die Bedeutung von
> „Glanz ausstrahlen, auffallend Licht zu-
> rückwerfen", zum Beispiel „Ihre Augen
> glänzten vor Freude". – Im Volksmund
> bezeichnet man die Augen als den Spie-
> gel der Seele. Das Auge hat im Traum
> die Symbolbedeutung eines Bewusst-
> seinsorgans ..." (Günter Harnisch)

Unter ihren Füßen gab es unter anderem auch
eine leere Etaille.

> „Etaille" ist im Textzusammenhang zu
> verstehen als eine Abkürzung für E-
> Taille oder Erd-Taille. – „Im Schoß der
> Erde liegt die Saat. Sie reift zu neuem
> Leben heran. Dementsprechend weist
> Erde als Traumsymbol meist auf Kör-
> perlichkeit, Fruchtbarkeit, Mütterlich-
> keit und Nähren hin ..." (Günter Har-
> nisch). – Bei einer schwangeren Frau ist
> die Taille ausgefüllt oder verstrichen.
> Eine „leere Etaille" ist hier demnach zu
> übersetzen mit „Unfruchtbarkeit der
> Erde durch Radioaktivität".

Für wen wohl?

Doch, oh Schreck, niemand ging sie an.

> „„„Jemanden angehen" bedeutet nach dem Wö. d. dt. Spr. v. Be. „jemanden betreffen, berühren".

Ein Zucken hätte genügt für den Meister.

> Gemeint ist mit „Zucken" sicherlich eine vorzeitige Wehentätigkeit. — Im Wö. d. dt. Spr. v. Be. hat „Meister" an dritter Stelle die Bedeutung von „jemand, der Hervorragendes leistet", zum Beispiel: „er ist ein Meister seines Faches".

Erfolg: eine hässliche Störung,

> Nämlich eine Störung der Schwangerschaft mit Fehlgeburt nach Kernwaffenversuchen.

die umso korrupter als ihre Tante ist.

> Nämlich korrupter als die Störung der Schwangerschaft durch ihre Tante. — Im Wö. d. dt. Spr. v. Be. hat „korrupt" unter anderem die Bedeutung von „innerlich, moralisch verdorben". — Mit „ihre Tante" ist im Textzusammenhang die „Abtreibung" gemeint, die ja sozu-

sagen die Patentante des durch Radio-
aktivität verursachten Schwanger-
schaftsabbruches ist.

Die großen Höhlen entlocken um 4 1/2 das Sauerkraut.

> Im Textzusammenhang zu verstehen
> Sinne von: Die Gebärmutterhöhlen sto-
> ßen im fünften Schwangerschaftsmonat
> ihre Frucht ab. – Synonyme für „sauer"
> sind nach dem Duden unter anderem
> „nicht mehr gut, schlecht, verdorben,
> hinüber". – Sauerkraut ist Gemüse, und
> nach dem Wö. d. dt. Spr. v. Be. ist
> „junges Gemüse" im übertragenen Sinn
> und umgangssprachlich eine Bezeich-
> nung für „junge, unerfahrene Men-
> schen".

Der Hintergrund eine fahle Interpretation.

> Nämlich der Hintergrund dieses Ge-
> schehens. – Im Wö. d. dt. Spr. v. Be. hat
> „Hintergrund" an dritter Stelle die Be-
> deutung von „verborgene Ursachen und
> Zusammenhänge". – Synonyme für
> „fahl" sind nach dem Duden unter an-

derem „blass, farblos, matt". — Ebenfalls im Wö. d. dt. Spr. v. Be. wird „Interpretation" definiert als „Erklärung,
Ausdeutung".

So das Umgebende, was der Ahnung nachläuft.

➢ *Nämlich zeitlich*

Wie zum Spott kotzte der Bauer.

➢ *Nämlich der durch den radioaktiv ver-
seuchten Boden krank gewordene Bauer*

Eine infame Geschichte

➢ *Nämlich die vorstehende Schilderung. —
Im Wö. d. dt. Spr. v. Be. hat „infam" an
erster Stelle die Bedeutung von „nie-
derträchtig, gemein" und an zweiter
Stelle (umgangssprachlich) von „uner-
träglich, sehr schlimm".*

voller zärtlicher Weisen!

➢ *Nach dem Wörterbuch der deutschen
Sprache Bertelsmann hat „Weise" die
Bedeutung von „Art, wie etwas begon-
nen oder durchgeführt wird".*

Abbau oder Aufbau, an allem ist nichts zu ändern, mich drängt der kausale Gerichtsvollzieher.

➤ Nach dem Wö. d. dt. Spr. v. Be. hat „drängen" unter anderem die Bedeutung von „dringend bitten oder mahnen", zum Beispiel: „jemanden drängen, etwas zu tun ". – „der kausale ..." ist im Textzusammenhang in Verbindung zu bringen mit dem Gesetz von Ursache und Wirkung bzw. dem Gesetz von Saat und Ernte. – Im Wö. d. dt. Spr. v. Be. wird „Gerichtsvollzieher" definiert als „Angestellter eines Gerichts, der Vorladungen zustellt und Pfändungen vornimmt".

Nein, kein Korkenzieher, bei Gott, nein!

➤ Wohl bezugnehmend auf die erwähnten Weinflaschen im ersten Teil des Tagebucheintrags.

Eine Ähnlichkeit ist für den Eifrigen schon da,

➤ Nämlich für den Eifrigen bei der Interpretation dieses Textes

eine Beziehung zum „voll".

➤ Nämlich zum „voll" in Verbindung mit Korkenzieher und „voll" im Wort Gerichtsvollzieher

Von welcher Seite wollen wir sie bringen?

> Nämlich die Ähnlichkeit von „Gerichts-
> vollzieher" und „Korkenzieher". – Im
> Wö. d. dt. Spr. v. Be. hat „Seite" an
> zwölfter Stelle die Bedeutung von „Er-
> scheinungsform".

Die Spirale gewiss.

> Denn im Textzusammenhang und in
> Verbindung mit dem oben angeführten
> „kausalen Gerichtsvollzieher" steht die
> Spirale hier auch für die Spirale der
> Gewalt.

Alles sollte sich jetzt drehen und wenden und
knallen.

> Nämlich bei der „Spirale" in Aktion.

Ein harter Beruf.

> Nämlich der Beruf des „kausalen Ge-
> richtsvollziehers"

Die vielen weißen und roten Tränen,

> Nämlich im Rahmen der Erfahrung der
> Spirale der Gewalt

der Gefühlsumschlag ...

> Nämlich durch die Erfahrung des Leids

Aber die Zeit, meine Herren, steht nicht abseits!

> An die männlichen Leser gerichtet. Mit „die Zeit" ist im Textzusammenhang die Zeit des Tagebucheintrags gemeint. – Im Wö. d. dt. Spr. v. Be. hat „abseits" an erster Stelle die Bedeutung von „entfernt, in einigem Abstand" und an zweiter Stelle (Sport) von „in regelwidriger Stellung".

Oder halten sie ihn für dumm?

> Nämlich den Schreiber des Tagebucheintrags

Ein bedauerlicher Kunstfehler!

> Nämlich ihn für dumm zu halten

... Kontinuität ist eben keine Hexerei.

> Ich setze, ohne auf die vorstehende Ansprache an die Leser einzugehen, die Schilderung des Ablaufs der Ereignisse fort. – Im Wö. d. dt. Spr. v. Be. wird „Kontinuität" definiert als „Stetigkeit, Fortdauer".

Sehen Sie, das Fenster ist blind!

> Wieder an die Leser gerichtet. – Mit „Fenster" bin ich gemeint, der ich in

diesem Augenblick unbewusst mit der Geistigen Welt in Verbindung stehe und als Schreibmedium fungiere, und zwar ohne den Sinn dessen zu erkennen, was ich schreibe. – Zu „Fenster" heißt es bei „Der Traumdeuter.ch" unter anderem: „<u>Psychologisch</u>: Der Träumende nimmt nicht direkt am Geschehen des Lebens teil, er befindet sich eher in der Rolle des Beobachters ..."

Im Keller hat eben der kalte August den Hafer enttäuscht ...

➢ Nämlich mit: „Sehen Sie, das Fenster ist blind!" – Gemeint ist mit „der kalte August" symbolisch sicherlich der vorstehende Kommentator, der wohl einmal auf der Erde lebte und jetzt als Bewohner der Geistigen Welt uns Hilfe leistet. – „Das Haus stellt im Traum das Gehäuse der Seele dar. Entsprechend informieren die einzelnen Räume über die verschiedenen seelischen Funktionen: Der Keller weist auf das Unbewusste hin ..." (Günter Harnisch). – Ein kalter Monat August ist für die Haferernte ungünstig — oder im übertragenen Sinn: ein kalter August erfüllt nicht die Erwartungen des Hafers, er enttäuscht den Hafer. — Brot und Getreide sind unter anderem Symbole für geistige Nahrung, Hafer für eine stechende Form derselben oder hier für eine unangenehme Gesellschaftskritik, die in meinen Tagebuchtexten überwiegend von mir ausgeht.

Nichts für ungut, Ihre Logik ist schon was wert —
  ➢ An die Leser gerichtet.
auch seine! Oder bezweifeln Sie es?

... Ein Krach im Hinterhaus wird zentral bemerkt.
  ➢ Im Wö. d. dt. Spr. v. Be. hat „Krach" an dritter Stelle (umgangssprachlich) die Bedeutung von „lauter Streit, Zerwürfnis, Auseinandersetzung". — „Das Haus stellt im Traum das Gehäuse der Seele dar ..." (Günter Harnisch)

14. Januar 1961

Betrifft G.
Wahnsinn, ich komme nicht los. Wünsche oft, die Zeit mit ihr nicht erlebt zu haben. Es wird wahrscheinlich für immer eine unglückliche Liebe bleiben, denn es gehört ein utopisches Maß an Optimismus dazu, an ihre Bescheidung zu glauben. Doch, meine Plastiken, die sie nicht schön fand, waren für sie. Wer Misstrauen sät, erntet Misstrauen, sagte meine Oma.

X – Z

Ohne Konstruktion. Geteilte Freude. Die Mathematik ist nur halb so schlimm. Um Ostern – oder früher. Ein weicher Glanz in steiler Auffahrt. Höhe, Tiefe, Horizont, Welt, Tiere, ein Wasser. Zurück in die Einsamkeit. Zauberei. Nichts für das Gefühl – eine Tatsache. Habt Achtung. Nicht immer funktionieren die Regenwürmer. Die Seitenstimme vom theoretischen Witz. Donner und Doria. Wolken haben den Himmel zugeblößt. Haha, eins, zwei, drei. Zunächst Wer oder Nein, Elend oder Freude, eine fette Suppe, ja, die stimmt. Lässt eine Vorstellung explodieren. So rund, so hässlich. Das neue Wort. Schräg auf sanfter Anhöhe. Trockene Stimme. Firnis über die Definitionen gelegt. Dann kommt der Maikäfer für uns aus dem Keller. Der wurde nicht erwähnt. Dabei ist er so unwichtig. Trockenes Husten spricht für sich die Litanei. Ei, Ei, Ei, Maria, Maria von Bahia. Wie diese Krümmung in ihr Gegenteil umschlägt. Bang, Bang. Man muss sich ekelgeschüttelt abwenden. Was haben diese Kombinationen zu bedeuten? Ja, richtig, Auflehnung. Man liebt die Schlagwerkzeuge. Sie produzieren neue Musik. Die Musik der entfesselten Zweifel, die Harmonie der Synthesis. Oh, wie schön. Unser Tierpark ist sicher noch eingezäunt. Dann ist da noch ein Tor für die Besucher, durch das die Besucher gehen, um in den Tierpark zu kommen. Nebenbei, ohne Geld nur für die Nobilität. Die Intelligenz macht sich halt bezahlt, anyhow. Außerdem wachsen auf dem Schafott leere Weinflaschen. Das Getriebe hat meine Zeit gelöst. Zinnober. Seine riesengroßen Augen reflektieren die Spiegel in langer Reihe. Weil das so ist, fand eine Diskussion statt, die ihren Kulminationspunkt verschlief. Denn also schliefen:

das Auto: tut, tut
das Schwein: grunz, grunz
der Vogel: piep, piep
das Pferd: wieher, wieher
der Frosch: quak, quak
die Eisenbahn: ra ta ta

der Sputnik: piep, piep
das Überschallflugzeug: bum, bum
die Studenten: sch sch sch sch
die Fliege: sssssssssssss
der Sonnenstrahl: ?????

Anstrengend war diese Diskussion. Und sie erregte die Gemüter. Das vom Bürgermeister, vom Dorfschullehrer, von der Sittenpolizei, vom Künstler, vom Dorfekel, von der städtischen Müllabfuhr und vom Wintersport, der seinen Glanz in Gefahr sah. Zwei Striche. Nicht mehr. Fünf Fragen. Dann ist der Mittagsschlaf verdient. Seht euch diese Corrigatores glabellarum an. Die Lanze soll man nicht brechen – oder besser – wir wollen die Lanze nicht für ihn brechen, rufen sie, und fühlen Gott weiß was. Dann kommt der Morgen. Mit seinem trüben Pflaster, den verhunzten Lungen, den düsteren Fabrikhöfen, den monströsen Klimaanlagen und dem Geruch des großen „Muss" der Unterordnung quält er die Stunden tot. Zeugt Hass, Korruption, Unmenschlichkeit, Vergessen und Frühstückspausen. Wer schreit im Stadion, was hat die Hosen des Polizeiwachtmeisters und seinen Charakter verdreckt? Wer hat diesen Leichtsinn gesehen? Wer benutzt zuerst die neueingerichtete öffentliche Bedürfnisanstalt? So drängen sich die zwielichtigen Naturen, heben und senken die Füße, tragen, ach, tragen am Nihil die vorletzten Erinnerungen der Frühjahrsmode.

Aufgliederung des Textes

Betrifft G.

Wahnsinn, ich komme nicht los. Wünsche oft, die Zeit mit ihr nicht erlebt zu haben. Es wird wahrscheinlich für immer eine unglückliche Liebe bleiben, denn es gehört ein utopisches Maß an Optimismus dazu, an ihre Bescheidung zu glauben. Doch meine Plastiken, die sie nicht schön fand, waren für sie. Wer Misstrauen sät, erntet Misstrauen, sagte meine Oma.

–

[X – Z]

Ohne Konstruktion. Geteilte Freude. Die Mathematik ist nur halb so schlimm. Um Ostern – oder früher. Ein weicher Glanz in steiler Auffahrt. Höhe, Tiefe. Horizont, Welt, Tiere, ein Wasser. Zurück in die Einsamkeit. Zauberei! Nichts für das Gefühl! – Eine Tatsache!

Habt Achtung! Nicht immer funktionieren die Regenwürmer.

Die Seitenstimme vom theoretischen Witz. Donner und Doria! Wolken haben den Himmel zugeblößt.

Haha – eins, zwei, drei, ...

Zunächst, wer – oder, nein – Elend oder Freude?

... eine fette Suppe ...

Ja, die stimmt.

... lässt eine Vorstellung explodieren!

So rund!

So hässlich!

Das neue Wort:

Schräg!

Auf sanfter Anhöhe trockene Stimme:

Firnis über die Definitionen gelegt.

Dann kommt der Maikäfer für uns aus dem Keller. Der wurde nicht erwähnt. Dabei ist er so unwichtig. – Trockenes Husten, – Spricht für sich die Litanei: „Ei, Ei, Ei, Maria, Maria von Bahia ..." – Wie diese Krümmung in ihr Gegenteil umschlägt: Bang, Bang.

Man muss sich ekelgeschüttelt abwenden. Was haben diese Kombinationen zu bedeuten?!

Ja, richtig. Auflehnung. Man liebt die Schlagwerkzeuge. Sie produzieren neue Musik. Die Musik der entfesselten Zweifel.

Die Harmonie der Synthesis!

Oh, wie schön! Unser Tierpark ist sicher noch eingezäunt. Dann ist da noch ein Tor für die Besucher, durch das die Besucher gehen, um in den Tierpark zu kommen. Nebenbei, ohne Geld nur für die Nobilität. Die Intelligenz macht sich halt bezahlt, anyhow. Außerdem wachsen auf dem Schafott leere Weinflaschen. Das Getriebe hat meine Zeit gelöst.

Zinnober! Seine riesengroßen Augen reflektieren die Spiegel in langer Reihe!

Weil das so ist, fand eine Diskussion statt, die ihren Kulminationspunkt verschlief. Denn also schliefen:

das Auto: tut, tut
das Schwein: grunz, grunz
der Vogel: piep, piep
das Pferd: wieher, wieher
der Frosch: quak, quak
die Eisenbahn: ra ta ta
der Sputnik: piep, piep
das Überschallflugzeug: bum, bum
die Studenten: sch sch sch sch
die Fliege: sssssssssssss
der Sonnenstrahl: ?????

Anstrengend war diese Diskussion. Und sie erregte die Gemüter: das vom Bürgermeister, vom Dorfschullehrer, von der Sittenpolizei, vom Künstler, vom Dorfekel, von der städtischen Müllabfuhr und vom Wintersport, der seinen Glanz in Gefahr sah.

Zwei Striche, nicht mehr!

Fünf Fragen.

Dann ist der Mittagsschlaf verdient!

Seht euch diese Corrugatores glabellarum an. „Die Lanze soll man nicht brechen!" – oder besser – „Wir wollen die Lanze nicht über ihn brechen", rufen sie und fühlen ...

Gott weiß, was!

Dann kommt der Morgen. Mit seinem trüben Pflaster, den verhunzten Lungen, den düsteren Fabrikhöfen, den monströsen Klimaanlagen und dem Geruch des großen „Muss" der Unterordnung quält er die Stunden tot. Zeugt Hass, Korruption, Unmenschlichkeit ...

Vergessen und Frühstückspausen!

Wer schreit im Stadion?
Was hat die Hosen des Polizeiwachtmeisters und seinen Charakter verdreckt?

Wer hat diesen Leichtsinn gesehen?

Wer benutzt zuerst die neueingerichtete öffentliche Bedürfnisanstalt?

So drängen sich die zwielichtigen Naturen, heben und senken die Füße, tragen ...

Ach!

... tragen am Nihil die vorletzten Erinnerungen der Frühjahrsmode.

Deutung

Betrifft G.

➢ Meine erste große Liebe

Wahnsinn, ich komme nicht los. Wünsche oft, die Zeit mit ihr nicht erlebt zu haben. Es wird wahrscheinlich für immer eine unglückliche Liebe bleiben, denn es gehört ein utopisches Maß an Optimismus dazu, an ihre Bescheidung zu glauben.

➢ „Bescheidung" bedeutet nach dem Duden „das Sichbescheiden".

Doch meine Plastiken, die sie nicht schön fand, waren für sie. Wer Misstrauen sät, erntet Misstrauen, sagte meine Oma.

–

[X – Z]

➢ Im Textzusammenhang meinte ich damit wohl meine Beziehung (XY) zu G., die zu Ende (Z) gegangen war. Um diese Buchstaben ist im Tagebuch ein kleines, horizontales Rechteck gezogen. – „Das Quadrat symbolisiert seelische Ausgewogenheit und Ganzheit. [...] Ein

Rechteck ist als ein gestörtes Quadrat zu verstehen. Es deutet auf zu starke Ich-Bezogenheit des Träumenden hin. Ist es in die Breite gedehnt, so fehlt es der Persönlichkeit an Höhe und an Tiefe." (Günter Harnisch)

Ohne Konstruktion.

> Nämlich diese Beziehung. – Im Wörterbuch der deutschen Sprache von Bertelsmann (Wö. d. dt. Spr. v. Be.) hat „konstruieren" an erster Stelle die Bedeutung von „mit Hilfe von Überlegungen, Berechnungen entwerfen" und an vierter Stelle von „gedanklich, logisch aufbauen".

Geteilte Freude.

> Zu Beginn der Beziehung. – „Geteilte Freude ist doppelte Freude." (Redensarten-Index)

Die Mathematik ist nur halb so schlimm.

> Nämlich während des letzten gemeinsamen Jahres auf dem Abendgymnasium, denn „geteiltes Leid ist halbes Leid." (Redensarten-Index)

Um Ostern – oder früher.

> *Als Zeitpunkt zu werten*

Ein weicher Glanz in steiler Auffahrt.

> *Nämlich in unserer Beziehung.*

Höhe, Tiefe.

> *Erreicht die Höhe, sinkt ab in die Tiefe.*

Horizont, Welt, Tiere, ein Wasser.

> *Im Wö. d. dt. Spr. v. Be. hat „Horizont" an zweiter Stelle (im übertragenen Sinn) die Bedeutung von „Umfang der geistigen Interessen und Bildung". – Im gleichen Wörterbuch hat „Welt" an erster Stelle die Bedeutung von „Gesamtheit aller Länder und Meere, die Erde als Lebensraum" und an zweiter Stelle von „Leben (auf der Erde), Ablauf des Geschehens (auf der Erde)". – „Tiere verkörpern im Traum die Naturseite des Menschen ..." (Günter Harnisch). – „Das Wasser symbolisiert im Traum unbewusste seelische Energie ..." (Günter Harnisch)*

Zurück in die Einsamkeit.

> *Nämlich in die Zeit ohne Partnerin.*

Zauberei!

> Damit meinte ich meine von mir dar-
> gestellte Beziehung. — Im Wö. d. dt. Spr.
> v. Be. hat „Zauberei" an erster Stelle
> die Bedeutung von „das Zaubern", zum
> Beispiel „was er kann, grenzt schon an
> Zauberei". — Synonyme für Zauberei
> sind nach dem Duden unter anderem
> „Hexenkunst, Hexerei, Magie, Zauber-
> kunst, Zaubertrick".

Nichts für das Gefühl! —

> Im Wö. d. dt. Spr. v. Be. hat „Gefühl"
> an zweiter Stelle die Bedeutung von
> „seelische Regung, innere Bewegung".

Eine Tatsache!

> Im Wö. d. dt. Spr. v. Be. wird „Tatsa-
> che" definiert als „etwas, das wirklich
> geschehen ist, tatsächlicher Sachver-
> halt".

Habt Achtung! Nicht immer funktionieren die Regenwürmer.

> „Der Regen ist ein Fruchtbarkeitssym-
> bol. Er hat vorwiegend die Bedeutung
> einer geistigen Befruchtung im Sinne
> von neuen und schöpferischen Ideen.

Manchmal ist dieses Symbol aber auch Ausdruck von Traurigkeit oder depressiver Stimmung." (Günter Harnisch). – Zu „Regenwurm" bzw. Wurm schreibt der gleiche Autor: „Manchmal symbolisiert ein Wurm das männliche Glied. Oft weist dieses Bild aber auch auf sexuelle Wünsche und Schuldgefühle hin, die den Träumenden belasten …"

Die Seitenstimme vom theoretischen Witz.

➢ Nämlich die Stimme, welche den vorangegangenen Kommentar vortrug. – Im Wö. d. dt. Spr. v. Be. hat „Seite" an vierzehnter Stelle die Bedeutung von „Person oder Personengruppe, die einen bestimmten Standpunkt, eine bestimmte Auffassung vertritt oder die über gewisse Informationen verfügt". – Im gleichen Wörterbuch wird „theoretisch" definiert als „gedanklich, begrifflich". – Ebenfalls in diesem Wörterbuch hat „Witz" an fünfter Stelle die Bedeutung von „unsinnige, groteske Sache", zum Beispiel „das ganze Unternehmen ist ja ein Witz".

Donner und Doria!

> Nach dem Redensarten-Index ein „Ausruf der Verwunderung/Bestürzung; Ausruf des Erstaunens".

Wolken haben den Himmel zugeblößt.

> Zu „Wolken" schreibt Günter Harnisch: „Dieses Traumbild gibt Hinweis auf die gegenwärtige Stimmungslage des Träumenden. Weiße Wolken an einem blauen Himmel deuten auf Heiterkeit und Optimismus. Dunkle Regenwolken symbolisieren eine pessimistische oder depressive Stimmung. Brauen sich Gewitterwolken zusammen, so stehen heftige Gefühlsausbrüche bevor." – Im Wö. d. dt. Spr. v. Be. hat „Himmel" an zweiter Stelle die Bedeutung von „Aufenthalt Gottes oder der Götter sowie (nach christlicher Lehre) der Seligen, Paradies". – „Im Traum bedeutet der Himmel das Reich des Geistes, des hohen Gedankenfluges und den Ort, aus

dem schöpferische Einfälle stammen …"
(Günter Harnisch). – "Sich im siebenten
Himmel fühlen" bedeutet nach dem Wö.
d. dt. Spr. v. Be. "sehr glücklich, sehr
verliebt sein". – "Zugeblößt" ist wohl in
Anlehnung an "entblößen" als eine
Wortneuschöpfung zu verstehen.

Haha – eins, zwei, drei, …

➢ Wohl zu verstehen im Sinne von: Haha,
im Handumdrehen …

Zunächst, wer –

➢ Zunächst, wer (redet da mit
mir?)

oder, nein – Elend oder Freude?

➢ Nämlich das "Haha …" als Gefühlsäuße-
rung

… eine fette Suppe …

➢ Zu "Suppe" schreibt Georg Fink: "Ein
Kraftpaket für den Träumer, wenn er
sie mit Appetit auslöffelt. Isst er sie nur
mit Überwindung, muss er im Wachle-
ben wahrscheinlich die Suppe auslöffeln,

die er sich selbst eingebrockt hat. Danach ist er kaum noch auf der Höhe, weshalb er am besten mal ausspannen, Urlaub machen sollte. Kocht man seinem Partner ein Süppchen, will man ihn wohl von den eigenen Liebeskünsten überzeugen."

Ja, die stimmt.

... lässt eine Vorstellung explodieren!

➢ Im Wö. d. dt. Spr. v. Be. hat „Vorstellung" an dritter Stelle die Bedeutung von „Bild (das sich jemand von etwas macht)".

So rund!

➢ Im Wö. d. dt. Spr. v. Be. hat „rund" an vierter Stelle (im übertragenen Sinn) die Bedeutung von „schön, vollendet".

So hässlich!

Das neue Wort

➢ Nämlich „So hässlich!", und zwar als ein Kommentar der „Seitenstimme".

Schräg!

> Im Wö. d. dt. Spr. v. Be. hat „schräg" an dritter Stelle die Bedeutung von „etwas außerhalb der Legalität stehend", zum Beispiel „schräger Vogel".

Auf sanfter Anhöhe trockene Stimme:

> Also eine Stimme von einer Position über mir. – Im Wö. d. dt. Spr. v. Be. hat „sanft" an erster Stelle die Bedeutung von „freundlich, ruhig und mild". – Im gleichen Wörterbuch hat „trocken" an achter Stelle die Bedeutung von „nüchtern, treffend und witzig".

Firnis über die Definitionen gelegt.

> Im Fremdwörterlexikon von Wahrig hat „Firnis" an zweiter Stelle (im übertragenen Sinn) die Bedeutung von „äußerliche Hülle, äußerer Schein". – Synonyme für „Firnis" sind nach Thesaurus unter anderem „Überzug, Bedeckung". – Im Wö. d. dt. Spr. v. Be. hat Definition an erster Stelle die Bedeutung von „Begriffsbestimmung".

Dann kommt der Maikäfer für uns aus dem Keller.

> Ein Synonym für „Mai" ist nach dem Duden unter anderem „Wonnemonat". – „Tiere verkörpern im Traum die Naturseite des Menschen. Sie vertreten gleichsam die Instinkte und Ahnungen ..." (Günter Harnisch). – „Manche Träumer stoßen immer wieder auf Käfer oder Würmer. Wohl gibt es sehr harmlose Käfer, die in der beruhigenden Rundheit ihres Schildbuckels geschäftig ihrer Wege ziehen. Sie gehören nicht gerade in die Traumzimmer. Wo sie im Traum als kleine Hausgenossen erscheinen, sind einzelne Seelenteile des Menschen auf eigenwilliger Sonderfahrt begriffen, oder es ist eine nervöse Erregung da ..." (Ernst Aeppli). – „Das Haus stellt im Traum das Gehäuse der Seele dar. Entsprechend informieren die einzelnen Räume über die verschiedenen seelischen Funktionen: Der Keller weist

auf das Unbewusste hin …" (Günter Harnisch)

Der wurde nicht erwähnt.

> Nämlich der Maikäfer.

Dabei ist er so unwichtig. – Trockenes Husten. –

> Letzteres auf der „sanften Anhöhe". – „Ich werde dir eins husten, ich werde dir was husten!" bedeutet nach dem Wö. d. dt. Spr. v. Be. umgangssprachlich „das kommt nicht in Frage!, das könnte dir so passen!"

Spricht für sich die Litanei:

> Im Wö. d. dt. Spr. v. Be. hat „Litanei" an erster Stelle die Bedeutung von „Wechselgebet zwischen Geistlichem und Gemeinde" und an zweiter Stelle (im übertragenen Sinn) von „langweiliges Gerede, lange, eintönige Aufzählung".

„Ei, Ei, Ei, Maria, Maria von Bahia …" –

> Text & Musik: Paul Misraki

Wie diese Krümmung in ihr Gegenteil umschlägt:

> Nämlich die im vorstehenden Text dargestellte „Krümmung". – „„Einen krummen Rücken machen" bedeutet

nach dem Wö. d. dt. Spr. v. Be. (im übertragenen Sinn) „sich unterwürfig benehmen, liebedienern".

Bang, Bang.

➢ Songtext von Jessie J

Man muss sich ekelgeschüttelt abwenden. Was haben diese Kombinationen zu bedeuten?!

Ja, richtig. Auflehnung. Man liebt die Schlagwerkzeuge.

➢ Gemeint sind sicherlich Schlagzeuge, aber wohl absichtlich in Schlagwerkzeuge umbenannt. Im Wö. d. dt. Spr. v. Be. wird „Schlagzeug" definiert als eine „Gruppe von Schlaginstrumenten, die vom gleichen Spieler bedient werden". – Zu Schlaginstrument bzw. Waffen heißt es im Traumlexikon von Günter Harnisch: „Alle Arten von Waffen, ebenso alle Geräte und Werkzeuge, die sich als Waffen einsetzen lassen, deuten auf aggressive männliche Triebkraft hin. Sie zeigen Sexualität als rein körperlichen Vorgang. Die geistigen und seelischen Bereiche einer Partnerbeziehung werden nicht berücksichtigt."

Sie produzieren neue Musik. Die Musik der entfesselten Zweifel.

> Im Wö. d. dt. Spr. v. Be. wird „Zweifel" definiert als „Unsicherheit, Ungewissheit, Schwanken".

Die Harmonie der Synthesis!

> Im Wö. d. dt. Spr. v. Be. hat „Harmonie" an zweiter Stelle die Bedeutung von „Einklang, Eintracht, gute Übereinstimmung". – Im gleichen Wörterbuch hat „Synthese" an erster Stelle die Bedeutung von „Aufbau, Verbindung von Teilen zu einem Ganzen" und an zweiter Stelle von „Verbindung zweier gegensätzlicher Begriffe oder Aussagen (These und Antithese) zu einer höheren Einheit, die so gewonnene Einheit selbst".

Oh, wie schön! Unser Tierpark ist sicher noch eingezäunt. Dann ist da noch ein Tor für die Besucher, durch das die Besucher gehen, um in den Tierpark zu kommen. Nebenbei, ohne Geld nur für die Nobilität. Die Intelligenz macht sich halt bezahlt, anyhow. Außerdem wachsen auf dem Schafott leere Weinflaschen.

> Synonyme für „wachsen" sind nach dem Duden unter anderem „sich entwickeln, sich fortentwickeln, Fortschritte machen". – Im Wö. d. dt. Spr. v. Be. wird „Schafott" definiert als „erhöhte Hinrichtungsstätte". – Im gleichen Wörterbuch hat „Flasche" an dritter Stelle (umgangssprachlich) die Bedeutung von „jemand, der eine von ihm erwartete geistige oder körperliche Leistung nicht zustande bringt".

Das Getriebe hat meine Zeit gelöst.

> Im Textzusammenhang wohl zu verstehen im Sinne von: Meine Zeit hat das Getriebe ausgelöst. – Synonyme für Zeit sind nach dem Duden unter anderem „Epoche, Zeitraum, Ära". – Im Wö. d. dt. Spr. v. Be. hat „Getriebe" an zweiter Stelle die Bedeutung von „unruhiges Leben, lebhaftes Treiben".

Zinnober!

> Wohl zu beziehen auf meine letzten Äu-
> ßerungen. - Im Wö. d. dt. Spr. v. Be. hat
> „Zinnober" an zweiter Stelle (umgangs-
> sprachlich) die Bedeutung von „Unsinn,
> aufgebauschte Nichtigkeit, Zurschau-
> stellung".

Seine riesengroßen Augen reflektieren die Spie-
gel in langer Reihe!

> An die Leser gerichtet. — „Im Volks-
> mund bezeichnet man die Augen als
> den Spiegel der Seele. Das Auge hat im
> Traum die Symbolbedeutung eines Be-
> wusstseinsorgans ..." (Günter Harnisch).
> — Und zu Spiegel schreibt der gleiche
> Autor unter anderem: „... Im Traum
> hat er die Bedeutung eines Seelenspie-
> gels. Er weist den Träumenden auf sei-
> ne unbewussten Schattenseiten hin, die
> für ihn unter Umständen erschreckend
> sein können ..."

Weil das so ist, fand eine Diskussion statt,
> Nämlich die gerade stattgefundene.
die ihren Kulminationspunkt verschlief.

➤ Im Wö. d. dt. Spr. v. Be. wird „Kulminationspunkt" definiert als „Höhe-,
Gipfelpunkt". — „Etwas verschlafen"
hat im gleichen Wörterbuch an erster
Stelle die Bedeutung von „durch Schlafen versäumen". — Ebenfalls in diesem
Wörterbuch hat „schlafen" an zweiter
Stelle (im übertragenen Sinn) die Bedeutung von „unaufmerksam sein, nicht
aufpassen, an andere Dinge denken". —
Zum Zeitpunkt dieses Tagebucheintrags
erkannte ich keinen Sinn in dem, was
ich schrieb.

Denn also schliefen:

das Auto: tut, tut

➤ Zu „Auto" schreibt Günter Harnisch:
„Seine Symbolbedeutung im Traum ist
die eines individuellen Transportmittels.
Es verkörpert auch die motorische
Energie, die Lebenskraft seines Besitzers. Wie das Auto in der Realität oft
als Statussymbol gesehen wird, so kann
seine Größe und Beschaffenheit auch im
Traum Aufschluss darüber geben, wie

der Träumende von seiner Umwelt gesehen werden will. Rasante Sportwagen im Traum haben sexuelle Symbolbedeutung. Sie symbolisieren den Rausch der Freiheit, Unabhängigkeit, Dynamik und Potenz." – Im Wö. d. dt. Spr. v. Be. hat „tuten" an zweiter Stelle die Bedeutung von „ein lang gezogenes, dumpf pfeifende Geräusch von sich geben", zum Beispiel: „der Triebwagen tutet".

das Schwein: grunz, grunz

➢ „Tiere verkörpern im Traum die Naturseite des Menschen. Sie vertreten gleichsam die Instinkte und Ahnungen ..." (Günter Harnisch). – „Das Schwein kann die aus dem Alltag bekannte Bedeutung als Glückssymbol manchmal auch im Traum haben. Es kann aber auch die natürliche Geschlechtlichkeit der Menschen, Zeugungsvorgänge und weibliche Fruchtbarkeit darstellen. Im übertragenen Sinne bedeutet es sehr oft seelische Bereicherung oder geistige Potenz." (Günter Harnisch). – Im Wö. d.

dt. Spr. v. Be. hat „grunzen" an erster Stelle die Bedeutung von „raue, schnarchende Laute ausstoßen", zum Beispiel: „das Schwein grunzt", und an zweiter Stelle (im übertragenen Sinn und umgangssprachlich) von „kurz angebunden, mürrisch und undeutlich reden, antworten".

der Vogel: piep, piep

➢ „Im Traum symbolisieren Vögel meist geistige Inhalte des Unbewussten. Gelegentlich stellen sie auch die im Volksmund bekannte erotische Nebenbedeutung dar." (Günter Harnisch). – Im Wö. d. dt. Spr. v. Be. hat „piepen" an erster Stelle die Bedeutung von „(wiederholt) einen feinen, hohen Ton ausstoßen", zum Beispiel: „ein Vogel piept im Gesträuch". Und „das ist ja zum Piepen!" bedeutet nach dem gleichen Wörterbuch umgangssprachlich „das ist wirklich komisch".

das Pferd: wieher, wieher

> „Die Beziehung zwischen dem Pferd und seinem Herrn dürfte in früheren Zeiten die persönlichste gewesen sein, die zwischen Tier und Mensch überhaupt denkbar ist. In den antiken Mythen, Sagen und Märchen verkörpert das Pferd biologische Lebenskraft. Der Hengst mit seiner Kraft und Schnelligkeit gilt als Symbol männlicher Vitalität und Potenz. Die Stute gilt als Muttersymbol ..." (Günter Harnisch). – Im Wö. d. dt. Spr. v. Be. hat „wiehern" an dritter Stelle die Bedeutung von „laut, stark lachen", zum Beispiel „wir haben gewiehert, als er das erzählte".

der Frosch: quak, quak

> „Träume von Fröschen treten fast immer bei Mädchen und Frauen auf, während sie bei Männern sehr selten vorkommen. Die Bedeutung des Frosches im Traum gleicht der im Märchen der Gebrüder Grimm vom Froschkönig. Dort verwandelt sich der kalte, glitschige Frosch in einen wunderschönen

Prinzen, nachdem die Prinzessin ihn auf Befehl ihres Vaters, des Königs, Nahrung gegeben und ihn in ihrem Bett gewärmt hat. Die kalte, unpersönliche Seite der Sexualität wandelt sich erst dann zur vollen Erfülltheit, wenn sie in das wärmende Gefühl einer seelischen Beziehung zum Partner eingebettet ist." (Günter Harnisch). – Im Wö. d. dt. Spr. v. Be. hat „quaken" an zweiter Stelle (im übertragenen Sinn und umgangssprachlich) die Bedeutung von „langweilig oder in lästiger Weise reden".

die Eisenbahn: ra ta ta

➤ Zu „Eisen" schreibt Günter Harnisch: „Dieses Metall gilt als Symbol für Willensstärke, Widerstandskraft, Härte und Gefühllosigkeit. Die genauere Aussage hängt von den weiteren Traumumständen ab." – Im Wö. d. dt. Spr. v. Be. hat „Bahn" an erster Stelle die Bedeutung von „festgelegter oder vorgezeichneter Weg für bewegte oder sich bewegende Körper" und an dritter Stelle von

„Weg, den sich jemand oder etwas schafft". – „ra ta ta" als typisches, rhythmisches Geräusch mit einer damit verbundenen kurzen Erschütterung bei einer (früheren) Fahrt mit der „Eisenbahn".

der Sputnik: piep, piep

➢ Im Wö. d. dt. Spr. v. Be. wird „Sputnik" definiert als „erster Typ der sowjetischen Erdsatelliten". Im gleichen Wörterbuch hat „piepen" an zweiter Stelle die Bedeutung von „feine, hohe Töne (als Signal) aussenden", zum Beispiel: „das Funkgerät piept".

das Überschallflugzeug: bum, bum

➢ „Sigmund Freud erklärte Flugträume als sexuelle Wunschvorstellungen. Das Gefühl des Fliegens und Schwebens zählt zum Rauscherleben, zu dem auch der Liebesrausch gehört. Die erotische Nebenbedeutung des rauschhaften Fliegens ist sehr alt. Sie findet sich in zahlreichen mythologischen Überlieferungen ..." (Günter Harnisch). – Im Wö. d. dt.

Spr. v. Be. hat „bumsen" an vierter Stelle (derb) die Bedeutung von „koitieren".

die Studenten: sch sch sch sch

> Mit „sch, sch" bekunden Studenten im Hörsaal, dass sie mit etwas nicht einverstanden sind. – Studenten sind Hochschüler, und zu Universität bzw. Schule schreibt Günter Harnisch: „Mit dem Bild der Schule im Traum informiert das Traumbewusstsein über Lernsituationen im Leben, das ja ein fortgesetzter Lernprozess ist."

die Fliege: ssssssssssss

> „Als Traumsymbol deuten Fliegen auf nervöse Erregungs- und Erschöpfungszustände hin. Große, dicke Fliegen zeigen, wenn sie im Traum Ekel erregen, innere Widerstände gegen bestimmte Personen, Gedanken, Gefühle und Verhaltensweisen an." (Günter Harnisch)

der Sonnenstrahl: ?????

> Denn: „Die Sonne ist eines der positivsten Traumsymbole. Sie kennzeichnet im

Traum stets produktive schöpferische Energie, die künstlerische Ideen oder Bewusstseinsprozesse in Gang bringt." (Günter Harnisch). — „Die positive (männliche) Kraft der Seele, Energiesymbol des Lebens, des Schöpferischen, des Befruchtenden, denn in den meisten Kulturen wird die Sonne als männlich angesehen. Wo sie im Traum aufgeht, da ist Erfolg in allen Lebensbereichen zu erwarten. Wo sie untergeht, mündet eine Glücksphase ins Alltägliche. Die leuchtende Kraft der Sonne erhellt unser Bewusstsein und macht uns für neue und gute Taten bereit ..." (Georg Fink). — „... Das leuchtendste und größte Energiesymbol ist die Sonne. Wo sie im Traum aufgeht, ist stärkste Wirkung, ist ein tätiger Morgen zu erwarten. Nur in den Wüstenträumen kann die sengende Glut dem Wanderer den Tod bringen. Sonst aber ist sie die Bringerin des Lebens, des Schöpferischen, Befruchtenden. Sonnenuntergänge aber sind im Traum meist von negativer Bedeutung, eine Bewusstseinsphase geht zu Ende." (Ernst Aeppli). – „... Betrachten wir die Sonne (Orange) und die Erde (Blau), so finden wir in ihnen Urbild und Vorbild des Liebens. Das war auch der Inhalt der Sonnenreligion Altägyptens und wird auch die Religion des Wassermannzeitalters, des Evangeliums der Sonne sein." (Heinrich Elijah Benedikt)

Anstrengend war diese Diskussion. Und sie erregte die Gemüter: das vom Bürgermeister, vom Dorfschullehrer, von der Sittenpolizei, vom Künstler, vom Dorfekel, von der städtischen Müllabfuhr und vom Wintersport, der seinen Glanz in Gefahr sah.

Zwei Striche, nicht mehr!

Fünf Fragen.

> ➤ Im Wö. d. dt. Spr. v. Be. hat „Frage" an zweiter Stelle die Bedeutung von „Sa-

che, die geklärt werden soll, Problem", zum Beispiel „eine offene Frage".

Dann ist der Mittagsschlaf verdient!

Seht euch diese Corrugatores glabellarum an.

> (Frage eins) – Gemeint sind die Stirnrunzler, denn „Der Musculus corrugator supercilii („Stirnrunzler", wörtlich „Runzler der Augenbraue") ist ein Hautmuskel im Bereich der Augenbraue (*Supercilium*) und gehört zur mimischen Muskulatur." (Wikipedia) und die „Glabella (lateinisch *glabellus*, Diminutiv von *glaber* ‚glatt', ‚haarlos') ist die Hautregion zwischen den Augenbrauen sowie die unterhalb dieser Stelle liegende knöcherne Erhebung des Stirnbeins über der Nasenwurzel." (Wikipedia)

„Die Lanze soll man nicht brechen!" – oder besser – „Wir wollen die Lanze nicht über ihn brechen", rufen sie und fühlen ...

Gott weiß, was!

270

> Denn ich habe bei der vorstehenden Re-
> dewendung einen Fehler begangen. An-
> stelle von „Lanze" hätte „Stab" stehen
> müssen. „Für jemanden eine Lanze bre-
> chen" bedeutet nach dem Wö. d. dt.
> Spr. v. Be. (im übertragenen Sinn) „für
> jemanden eintreten". Und „den Stab
> über jemanden brechen" hat im glei-
> chen Wörterbuch die Bedeutung von
> „jemanden verurteilen".

Dann kommt der Morgen. Mit seinem trüben Pflaster, den verhunzten Lungen, den düsteren Fabrikhöfen, den monströsen Klimaanlagen und dem Geruch des großen „Muss" der Unterord-nung quält er die Stunden tot. Zeugt Hass, Kor-ruption, Unmenschlichkeit ...

> (Frage zwei)

Vergessen und Frühstückspausen!

Wer schreit im Stadion?

> (Frage drei)

Was hat die Hosen des Polizeiwachtmeisters und seinen Charakter verdreckt?

> (Frage vier) – Zu Hose bzw. Kleider
> schreibt Günter Harnisch: „Die Kleider

im Traum beziehen sich auf die vom Unbewussten her beeinflusste Persönlichkeit, wie sie sich gegenüber der Umwelt darstellt ..." (Günter Harnisch)

Wer hat diesen Leichtsinn gesehen?
➢ Im Wö. d. dt. Spr. v. Be. wird „Leichtsinn" definiert als „Mangel an Vorsicht, an Verantwortungsbewusstsein, Unbekümmertheit".

Wer benutzt zuerst die neueingerichtete öffentliche Bedürfnisanstalt?
➢ (Frage fünf)

So drängen sich die zwielichtigen Naturen,
➢ Nach dem Wö. d. dt. Spr. v. Be. hat „zwielichtig" (im übertragenen Sinn) die Bedeutung von „undurchsichtig, anrüchig", zum Beispiel „zwielichtige Gestalten".
heben und senken die Füße,
➢ „Mit den Beinen, dem Fuße ist symbolisch verbunden, was unsern „Lebensgang" betrifft. Die phallische, also sexu-

elle Bedeutung, welche die Psychoanalyse dem Symbol des Fußes mit Recht
auch zuspricht, tritt hinter jenen all-
gemeinern Gehalt des Fußsymbols als
ein Zeichen dessen, womit wir weiterschreiten, zurück." (Ernst Aeppli)

tragen ...

Ach!

... tragen am Nihil die vorletzten Erinnerungen
der Frühjahrsmode.

> ➢ Das „Nihil" (hier auch für Nil stehend)
> lässt darauf schließen, dass mit den
> „zwielichtigen Naturen" Menschen ge-
> meint sind, die sich weltanschaulich in
> der Nähe des Nihilismus aufhalten und
> sich dementsprechend darstellen.

15. Januar 1961

Ganz weit hat sie ihre Streckung. Vom Osten zum Süden, ins Warme. Das Tal der verrückten Berge, in der Landschaft draußen, im Freien. Füße kennt sie nicht, und Arme fallen nicht schwer. Ihre Faltung versteht grundsätzlich die verdoppelte Potenz. Staub und Blei sind ihre ersten Komponenten. Sie jagt davon, ein zirkulierendes Leuchten im Heck. Als die Erde sie gebar, hatten Tankstellen ihren größten Zusammenlauf. Eine Idee war es. Das Holz entschwand in seine ureigene Übertreibung, weit spannt das Oberflächliche zum Meer in der Vermutung. Es gibt Dinge, die tatsächlich sind, und solche, die ihr gehören, denn im Anfang hat das Ende seine Bedeutung verloren. Gewissermaßen eine Korruption, oder besser – ein Nachteil. Sphärische Musik schlägt ihre Ränder in unermüdlichem Takt. Wie ein Klaviermeister kennt sie die Tasten nicht. Ihre ersten Stunden waren voll glänzender Nachlässigkeit, ihre Uniformität das Bild eines Götzen. Ihre Tiefen schlodern weiße Nebel bundweise, sie hat ihre Eröffnung verschlafen. Man hat sie zwischen die Zeit gelegt. So sturen dann alte Vertreter ihr fernes Echo.

Vom Osten zum Süden in dreifacher Schlinge. 700 verlogen die Tage in ihrem Bett, welches in ausgemergelter Mulde kaum sichtbar zerfließt. In

274

chaotischer Vielhaftigkeit reichen sich Hände in stoischer Einsamkeit. Genug hat die Fläche versprochen. Sie fühlt wie alles Demut in sich selbst. In ihrer Mitte webt hervorgeholt die Unbeirrbarkeit am Teppich. Im vierzigsten Jahr kamen Kraniche von fernher und überzogen das Einerlei gravitätisch wie Störche. Ein Hundegebell riss sie zurück aus ihrer misslichen Eingebung, ein Hundegebell trieb sie zum Allerletzten, verziert mit Schreien ohne Augen. Tankwarte beschworen ihr Verdienst an dem Analytischen. Wagenräder, große und kleine, ein schönes Spiel mit Einrichtungen, wohin das ewige Gelächter führt. Letztlich war logisch, dahin geht der Kreis ohne Widerwillen. Tobacco!

Aufgliederung des Textes

Ganz weit hat sie ihre Streckung – vom Osten zum Süden, ins Warme. Das Tal der verrückten Berge, in der Landschaft draußen, im Freien. Füße kennt sie nicht, und Arme fallen nicht schwer. Ihre Faltung versteht grundsätzlich die verdoppelte Potenz. Staub und Blei sind ihre ersten Komponenten. Sie jagt davon, ein zirkulierendes Leuchten im Heck. Als die Erde sie gebar, hatten Tankstellen ihren größten Zusammenlauf.

Eine Idee war es!

Das Holz entschwand in seine ureigene Übertreibung, weit spannt das Oberflächliche zum Meer in der Vermutung.

Es gibt Dinge, die tatsächlich sind, und solche, die ihr gehören, denn im Anfang hat das Ende seine Bedeutung verloren!

Gewissermaßen eine Korruption – oder besser – ein Nachteil. Sphärische Musik schlägt ihre Ränder in unermüdlichem Takt. Wie ein Klaviermeister kennt sie die Tasten nicht. Ihre ersten Stunden waren voll glänzender Nachlässigkeit, ihre Uniformität das Bild eines Götzen. Ihre Tiefen schwadern weiße Nebel bundweise. Sie hat ihre Eröffnung verschlafen. Man hat sie zwischen die Zeit gelegt. So sturen dann alte Vertreter ihr fernes Echo.

Vom Osten zum Süden in dreifacher Schlinge. 700, verlogen die Tage in ihrem Bett, welches in ausgemergelter Mulde kaum sichtbar zerfließt. In chaotischer Vielhaftigkeit reichen sich Hände in stoischer Einsamkeit.

Genug hat die Fläche versprochen. Sie fühlt wie alles Demut in sich selbst!

In ihrer Mitte webt, hervorgeholt, die Unbeirr-barkeit am Teppich. Im vierzigsten Jahr kamen Kraniche von fernher und überzogen das Einerlei gravitätisch wie Störche. Ein Hundegebell riss sie zurück aus ihrer misslichen Eingebung, ein Hundegebell trieb sie zum Allerletzten, verziert mit Schreien ohne Augen. Tankwarte beschworen ihr Verdienst an dem Analytischen. Wagenräder, große und kleine, ein schönes Spiel mit Einrichtungen. Wohin das ewige Gelächter führt, ...

Letztlich!

... war logisch: Dahin geht der Kreis ohne Widerwillen. Tobacco!

Deutung
  ➢ Tagebucheintrag inspiriert.

Ganz weit hat sie ihre Streckung –
  ➢ Im Textzusammenhang ist damit die erste Autobahn in Deutschland gemeint. – Synonyme für „Streckung" sind nach Thesaurus unter anderem „Erstreckung, Ausdehnung".

vom Osten zum Süden, ins Warme. Das Tal der verrückten Berge, in der Landschaft draußen, im Freien.

➢ Beim Autobahnbau werden, wenn notwendig, Berge partiell abgetragen und das abgetragene Material gegenüber der Abfragestelle wieder aufgeschüttet, wobei die Autobahn selbst in diesen Abschnitten zu einem Tal wird. – Nach dem Wörterbuch der deutschen Sprache von Bertelsmann (Wö. d. dt. Spr. v. Be.) hat „verrücken" die Bedeutung von „an eine andere Stelle rücken". Im gleichen Wörterbuch hat „verrückt" an zweiter Stelle die Bedeutung von „vom Normalen abweichend, ungewöhnlich".

Füße kennt sie nicht,

➢ Denn Fußgänger sind auf ihr nicht zugelassen.

und Arme fallen nicht schwer.

➢ Denn die Arme liegen ja auf dem Lenkrad bzw. auf Armlehnen. – „Arm und Hand gehören eng zusammen. In der Traumsprache ist der Arm die Grundlage des Handelns." (Günter Harnisch).

278

– Synonyme für „schwerfallen" sind nach dem Duden unter anderem „[gro-ße] Mühe bereiten/machen, sich schwertun, Schwierigkeiten berei-ten/haben".

Ihre Faltung

➤ Gemeint ist damit wohl ihre „Faltung" zu zwei Fahrbahnen mit entgegenge-setzten Fahrtrichtungen.

versteht grundsätzlich die verdoppelte Potenz.

➤ Ein Synonym für „verstehen" ist nach dem Duden unter anderem „Verständ-nis haben".

Staub und Blei sind ihre ersten Komponenten.

➤ Nämlich Blei in den damals bleihaltigen Abgasen. – Im Wö. d. dt. Spr. v. Be. wird „Komponente" definiert als „Be-standteil (eines Ganzen), Teilkraft".

Sie jagt davon, ein zirkulierendes Leuchten im Heck.

➤ Nämlich aus der Perspektive eines Be-obachters, vor allem in der Dunkelheit.

Als die Erde sie gebar, hatten Tankstellen ihren größten Zusammenlauf.

➤ Nämlich die Autobahntankstellen.

Eine Idee war es!

> ➢ Nämlich die Autobahn zu bauen. — Im Wö. d. dt. Spr. v. Be. hat „Idee" an vierter Stelle die Bedeutung von „Einfall, Gedanke".

Das Holz entschwand in seine ureigene Übertreibung,

> ➢ Nämlich im Verlauf der Erdgeschichte. — Nach dem Wö. d. dt. Spr. v. Be. hat „Holz" (landschaftlich) auch die Bedeutung von „(kleiner) Wald". — Synonyme für „über" sind nach dem Duden unter anderem „höher als, oberhalb". — Nach dem Wö. d. dt. Spr. v. Be. hat „treiben" unter anderem die Bedeutung von „hervorbringen", zum Beispiel „Knospen, Blüten treiben".

weit spannt das Oberflächliche

> ➢ Weit erstreckt sich das oberflächliche Holz (nämlich der Baumbestand) über die Erdoberfläche

zum Meer in der Vermutung.

> ➤ Zu einem vermuteten Erdölmeer unter der Erdoberfläche, das heißt, zu einem gigantischen unterirdischen Erdöllager.

Es gibt Dinge, die tatsächlich sind, und solche, die ihr gehören,

> ➤ Nämlich der Vermutung.

denn im Anfang hat das Ende seine Bedeutung verloren!

Gewissermaßen eine Korruption –

> ➤ Im Wö. d. dt. Spr. v. Be. wird „Korruption" definiert als „Bestechlichkeit, moralischer Verfall". Synonyme für „Korruption" sind nach dem Duden „Bestechlichkeit, Käuflichkeit" und nach Thesaurus unter anderem „Verderbnis, Unterschlagung".

oder besser – ein Nachteil. Sphärische Musik schlägt ihre Ränder in unermüdlichem Takt.

> ➤ Gemeint sind damit die Reifengeräusche, die, von den ersten Autobahnen kommend, die Anwohner Tag und Nacht belästigten. – Nach dem Wö. d. dt. Spr. v. Be. hat „sphärisch" die Be-

deutung von „zur Himmelskugel gehörig, auf sie bezüglich".

Wie ein Klaviermeister kennt sie die Tasten nicht.

➢ Das heißt, die Autos produzieren sie auf der (alten) Fahrbahn automatisch.

Ihre ersten Stunden waren voll glänzender Nachlässigkeit,

➢ Im Wö. d. dt. Spr. v. Be. hat „glänzen" an erster Stelle die Bedeutung von „Glanz ausstrahlen, auffallend Licht zurückwerfen". – Im gleichen Wörterbuch hat „Nachlässigkeit" an erster Stelle die Bedeutung von „nachlässiges Verhalten" und an zweiter Stelle von „nachlässige Handlung".

ihre Uniformität das Bild eines Götzen.

➢ Im Wö. d. dt. Spr. v. Be. hat „Götze" an dritter Stelle die Bedeutung von „etwas, von dem man abhängig ist, ohne das man nicht leben zu können glaubt".

Ihre Tiefen schwadern weiße Nebel bundweise.

➢ Synonyme für „schwadern" sind nach dem Duden unter anderem „schwappen, überschwappen, überfließen".

Sie hat ihre Eröffnung verschlafen.

➢ „Der Begriff ‚Autobahn' tauchte zum ersten Mal 1932 auf und bezeichnete die Vorstellung einer kreuzungsfreien Schnellstraße ohne Gegenverkehr. Eine Fachzeitschrift zur <u>HaFraBa</u> hatte sich damals in Analogie zur Eisenbahn in ‚Autobahn' umbenannt. Die erste Autobahn in diesem Sinne in Deutschland, die zwei Städte verband, wurde am 6. August 1932 zwischen <u>Köln</u> und <u>Bonn</u> vom Kölner Oberbürgermeister <u>Konrad Adenauer</u> eröffnet; die kreuzungsfreie Strecke war 20 Kilometer lang (‚kreuzungsfreie Kraftfahr-Straße'). Heute trägt sie die Bezeichnung <u>A 555</u>. Die Straße war bereits für Fahrzeuggeschwindigkeiten von 120 km/h konzipiert, obwohl die damaligen Fahrzeuge meist nur eine deutlich geringere Geschwindigkeit erreichen konnten." (Wikipedia). Demnach erschien die Bezeichnung „Autobahn" im

Sprachgebrauch zunächst als Name für eine Fachzeitschrift.

Man hat sie zwischen die Zeit gelegt.

> ➤ Im Textzusammenhang wohl zu verstehen Sinne von: Man hat sie in der Zwischenzeit unter einem anderen Namen angelegt.

So sturen dann alte Vertreter ihr fernes Echo.

> ➤ Bei dem Verb „sturen" handelt es sich wohl um eine Wortneuschöpfung, und zwar im Textzusammenhang mit der Bedeutung von „stur beibehalten". — Synonyme für „Echo" sind nach Thesaurus unter anderem „Widerhall, Resonanz".

Vom Osten zum Süden in dreifacher Schlinge.

> ➤ Synonyme für „Schlinge" sind nach Woxikon unter anderem „Bogen, Kurve, Schleife, Wendung, Biegung".

700,

> ➤ 700 Kilometer Autobahn

verlogen die Tage in ihrem Bett,

> ➤ Denn Synonyme für Bett sind nach dem Duden unter anderem „Lagerstätte, Lagerstatt", wobei man aber

am Steuer seines Autos nicht schlafen
darf.

welches in ausgemergelter Mulde kaum sichtbar
zerfließt.

> Ein Synonym für „zerfließen" ist nach
> dem Duden unter anderem „sich auflö-
> sen".

In chaotischer Vielhaftigkeit reichen sich Hände
in stoischer Einsamkeit.

> Nämlich die auf dem Lenkrad liegenden
> Hände der sich entgegenkommenden
> Fahrer.

Genug hat die Fläche versprochen.

> Nämlich, im Textzusammenhang, die
> Erdoberfläche. – Nach dem Wö. d. dt.
> Spr. v. Be. hat „genug" die Bedeutung
> von „in ausreichender Menge (vorhan-
> den), in befriedigendem Maße". –
> „(Jemandem) etwas versprechen" be-
> deutet nach dem gleichen Wörterbuch
> „ausdrücklich, bindend versichern, dass
> man etwas tun wird, dass man jeman-
> dem etwas kaufen, schenken wird".

Sie fühlt wie alles Demut in sich selbst!

> Denn „Im Anfang war das Wort und das Wort war bei Gott und das Wort war Gott. Dieses war im Anfang bei Gott. Alles ist durch das Wort geworden und ohne es wurde nichts, was geworden ist." (Johannes 1,1-3)

In ihrer Mitte webt, hervorgeholt, die Unbeirrbarkeit am Teppich.

> Nämlich am Autobahnteppich. – Nach dem Wö. d. dt. Spr. v. Be. hat „unbeirrbar" die Bedeutung von „unerschütterlich, konsequent, zielbewusst".

Im vierzigsten Jahr kamen Kraniche von fernher und überzogen das Einerlei gravitätisch wie Störche.

> Nämlich die Flugzeuge im Zweiten Weltkrieg. (Beginn der alliierten Luftangriffe 1939/40). – Bezüglich „wie Störche" ist im Textzusammenhang an die in den dreißiger Jahren in Deutschland gebauten Flugzeuge vom Typ „Fieseler Storch" zu denken.

Ein Hundegebell riss sie zurück aus ihrer misslichen Eingebung,

> Nämlich aus ihrer Eingebung, auf den Autobahnen zu starten und zu landen. — „Tiere verkörpern im Traum die Naturseite des Menschen. Sie vertreten gleichsam die Instinkte und Ahnungen …" (Günter Harnisch). — „Der Hund kommt im Traum in zweifacher Symbolbedeutung vor: Er gilt als Wächter für den Besitz des Menschen, als Schutz gegen Angriffe und als treuer Freund. Er kann aber auch Symbol für Aggressionen darstellen." (Günter Harnisch)

ein Hundegebell trieb sie zum Allerletzten, verziert mit Schreien ohne Augen.

> … „verziert" wohl mit Todesschreien, denn — „Im Volksmund bezeichnet man die Augen als den Spiegel der Seele. Das Auge hat im Traum die Symbolbedeutung eines Bewusstseinsorgans …" (Günter Harnisch)

Tankwarte beschworen ihr Verdienst an dem Analytischen.

> Nämlich die Tankwarte der Autobahntankstellen, und zwar ihr Verdienst an der Autobahn, die in diesem Tagebuch-

eintrag analysiert wird. – „Etwas beschwören" hat im Wö. d. dt. Spr. v. Be. an erster Stelle die Bedeutung von „einen Schwur leisten, dass etwas so sei, dass etwas richtig, wahr sei". – „Verdienst" (als Neutrum) hat im gleichen Wörterbuch die Bedeutung von „Tat zum Wohl anderer".

Wagenräder, große und kleine,

➤ Zu „Wagen" bzw. Auto schreibt Günter Harnisch: „Seine Symbolbedeutung im Traum ist die eines individuellen Transportmittels. Es verkörpert auch die motorische Energie, die Lebenskraft seines Besitzers. Wie das Auto in der Realität oft als Statussymbol gesehen wird, so kann seine Größe und Beschaffenheit auch im Traum Aufschluss darüber geben, wie der Träumende von seiner Umwelt gesehen werden will. Rasante Sportwagen im Traum haben sexuelle Symbolbedeutung. Sie symbolisieren den Rausch der Freiheit, Unabhängigkeit, Dynamik und Potenz." – „Das Rad ist in fast allen Kulturen ein Bewegungs- und Sonnenzeichen ...‟ (Lexikon der sprichwörtlichen Redensarten von Lutz Röhrich).. – ,,Das fünfte Rad am Wagen sein‟ bedeutet nach dem Wö. d. dt. Spr. v. Be. ,,sich in einer Gruppe überflüssig fühlen und abseits stehen‟.

ein schönes Spiel mit Einrichtungen.

> Wohl ein Spiel der ,,Wagenräder‟, der großen und kleinen. – Im Wö. d. dt. Spr. v. Be. hat ,,schön‟ an neunter Stelle (umgangssprachlich, ironisch) die Bedeutung von ,,unschön, unerfreulich‟. – Im gleichen Wörterbuch hat ,,Spiel‟ an dreizehnte Stelle (im übertragenen Sinn) die Bedeutung von ,,(leichtsinnige) Handlungsweise‟. – Synonyme für ,,Einrichtung‟ sind nach dem Duden unter anderem ,,Aufbau, Errichtung, Etablierung, Gründung, Organisierung, Schaffung‟.

Wohin das ewige Gelächter führt, ...

Letztlich!

... war logisch:

> Im Wö. d. dt. Spr. v. Be. wird „logisch"
an erster Stelle definiert als „folgerich-
tig, denkrichtig, den Gesetzen der Logik
entsprechend".

Dahin geht der Kreis ohne Widerwillen.

> Nämlich zu Ende, und zwar zum Ende
des Kreises, in welchem ich mich zum
Zeitpunkt des Tagebucheintrags befand,
denn „„„Der Kreis ist, wie auch der
Ring, ein Ganzheitssymbol. Ihm wurde
in alter Zeit in den Märchen und Mythen die Kraft eines Schutz- und Abwehrzaubers zugeschrieben. Alles, was
sich im Traum in dem Kreis abspielt,
hat besondere Bedeutung. Allgemein
signalisiert der Kreis im Traum eine
Konzentration psychischer Energie."
(Günter Harnisch)

Tobacco!

> Gemeint ist damit wohl Tobak, denn
letzterer geht nach meinen Internetre-
cherchen auf einen alten Schwank zurück: Der Teufel begegnet einem Jäger

und fragt ihn, was er da in der Hand habe. Der Jäger gibt sein Gewehr für eine Tabaksdose aus und bietet dem Teufel eine Prise davon an. Als der Teufel zustimmt, bekommt er eine Ladung Blei in die Nase geschossen, die er mit den Worten kommentiert: "Das ist starker Tobak!"

17. Januar 1961

Lustlos hat die Zeit vertrieben
wie zum Spott die ganze Theorie.
Lustlos treibt das Leben hin,
lustlos, weil das Leben fehlt.

Leer erscheint die Sprache,
leer des Glückes Sinn,
Harmonie und Hass verschwistern,
körperlos des Menschen Wert.

Schwer geahndet wird das Abseits,
weil so kompliziert der Sinn.
Unverstanden bleibt das Neue,
weil im Garten die Radieschen blühn.

Schmerzlich ist der Bruch zu fühlen,
grauenvoll die Einsamkeit,
denn sie alle wollen wissen,
dass der Mensch ein Mensch halt ist.

Was sie fragen, was sie denken,
mutet wie die große Vielfalt an.
Aus den Wurzeln der Buchstaben
vermehren sie die Welt.

An mein liebes G.

Es ist soweit, dass ich Briefe an Dich nur noch ins Tagebuch zu schreiben wage. Die Schuld an diesem, man kann in Ruhe sagen, an diesem Unmöglichen, Ungeheuerlichen, wirst Du mir geben. Welche Schuld es allerdings ist, weiß ich nicht. Vielleicht ist es die Schuld, mich vor zwei Jahren in Dich verliebt zu haben. Ich bin unglücklich, und der Gedanke, dieses Unglück könnte von Dir systematisch gesteuert sein, im Sinne einer gewissen Berechnung, macht Dich hässlich. Du hast noch niemals Vertrauen zu mir gehabt, hast immer an meiner Liebe gezweifelt, hast mit Deiner Mutter gemeinsam das hässliche Wort Experiment gesagt, oft gesagt und geglaubt. Dein Misstrauen war größer als Deine Liebe, und nicht alles, was Du sagtest, war ehrlich. Die letzten zwei Jahre waren seelisch die schrecklichsten in meinem Leben. Nicht nur, dass durch Deine dauernden Zweifel an mich und meine Ehrlichkeit mein persönliches Ich angegriffen wurde, sondern Du warst auch selten gut befähigt, aus einer Liebe, aus der ersten großen Liebe eines Jungen einen Trümmerhaufen zu machen.

Kotzlangweilig (der Brieftext wurde von mir im Tagebuch durchgestrichen)

Deutung

➢ Das Gedicht wurde sicherlich mithilfe der Inspiration geschrieben, denn so, wie es hier wiedergegeben wurde, steht es im Tagebuch als ein spontaner Eintrag ohne nennenswerte Korrekturen.

Lustlos hat die Zeit vertrieben
wie zum Spott die ganze Theorie.

➢ Im Wörterbuch der deutschen Sprache von Bertelsmann (Wö. d. dt. Spr. v. Be.) hat „Theorie" an erster Stelle die Bedeutung von „rein gedankliche Betrachtung".

Lustlos treibt das Leben hin,
lustlos, weil das Leben fehlt.

➢ Im Wö. d. dt. Spr. v. Be. hat „Leben" an vierter Stelle die Bedeutung von „Lebensinhalt, Lebenssinn".

Leer erscheint die Sprache,
leer des Glückes Sinn,

➢ Im Wö. d. dt. Spr. v. Be. hat „leer" an dritter Stelle (im übertragenen Sinn) die Bedeutung von „geistlos, ohne Inhalt".

Harmonie und Hass verschwistern,

  ➢ *Nämlich als ,,leere'' Worte*

körperlos des Menschen Wert.

Schwer geahndet wird das Abseits,

  ➢ *Im Wö. d. dt. Spr. v. Be. hat ,,abseits''
  an zweiter Stelle (Sport) die Bedeutung
  von ,,in regelwidriger Stellung''.*

weil so kompliziert der Sinn.

  ➢ *Im Wö. d. dt. Spr. v. Be. hat ,,Sinn'' an
  siebenter Stelle die Bedeutung von ,,Be-
  deutung, innerer, geistiger Gehalt'',
  zum Beispiel ,,den tieferen Sinn von etwas erfassen; über den Sinn des Lebens
  nachdenken''.*

Unverstanden bleibt das Neue,
weil im Garten die Radieschen blühn.

  ➢ *,,Der Garten ist im Allgemeinen ein
  Symbol der partnerschaftlichen Beziehung. Er zeigt Wachstum, Fruchtbarkeit, Lebensfreude an und hat fast immer eine positive Bedeutung ...'' (Günter
  Harnisch) — Radieschen gehören zur
  Gattung Rettich, und zu Rettich
  schreibt Günter Harnisch: ,,Dieses*

Traumsymbol gilt als Symbol der männlichen Sexualität." – Im Wö. d. dt. Spr. v. Be. hat „blühen" an zweiter Stelle (im übertragenen Sinn) die Bedeutung von „Erfolg haben, Gewinn bringen".

Schmerzlich ist der Bruch zu fühlen,

➢ Im Wö. d. dt. Spr. v. Be. hat „Bruch" an vierter Stelle die Bedeutung von „Abbrechen einer Beziehung, einer Verbindung".

grauenvoll die Einsamkeit;
denn sie alle wollen wissen,

➢ Im Wö. d. dt. Spr. v. Be. hat „wollen" an sechster Stelle (umgangssprachlich) die Bedeutung von „den Anspruch erheben (etwas zu sein)".

dass der Mensch ein Mensch halt ist.

Was sie fragen, was sie denken,
mutet wie die große Vielfalt an.
Aus den Wurzeln der Buchstaben
vermehren sie die Welt.

–

An mein liebes G.

> *Der nachfolgende Brieftext wurde von mir im Tagebuch durchgestrichen.*

Es ist soweit, dass ich Briefe an Dich nur noch ins Tagebuch zu schreiben wage. Die Schuld an diesem, man kann in Ruhe sagen, an diesem Unmöglichen, Ungeheuerlichen, wirst Du mir geben. Welche Schuld es allerdings ist, weiß ich nicht. Vielleicht ist es die Schuld, mich vor zwei Jahren in Dich verliebt zu haben. Ich bin unglücklich, und der Gedanke, dieses Unglück könnte von Dir systematisch gesteuert sein im Sinne einer gewissen Berechnung, macht Dich hässlich. Du hast noch niemals Vertrauen zu mir gehabt, hast immer an meiner Liebe gezweifelt, hast mit Deiner Mutter gemeinsam das hässliche Wort Experiment gesagt, oft gesagt und geglaubt. Dein Misstrauen war größer als Deine Liebe, und nicht alles, was Du sagtest, war ehrlich. Die letzten zwei Jahre waren seelisch die schrecklichsten in meinem Leben. Nicht nur, dass durch Deine dauernden Zweifel an mir und meiner Ehrlichkeit mein persönliches Ich angegriffen wurde, sondern Du warst auch selten gut befähigt, aus einer Liebe, aus der ersten großen Liebe eines Jungen einen Trümmerhaufen zu machen.

Kotzlangweilig

Gut geschlafen, vor allen Dingen lange. Komische Träume gehabt:
Da steht ein Streckenarbeiter auf dem Damm. Ich rufe ihm zu, er solle arbeiten und sich seinen Lohn verdienen. Dann frage ich irgendetwas Bestimmtes. Er zeigt den Weg, indem er mit Steinen wirft. Meter für Meter klatschen gefährliche Steine auf. Ich muss aufpassen, dass ich nicht verletzt werde. Als die Steine mich nicht mehr erreichen, kommt der Arbeiter werfend herunter und folgt mir. Ich beginne zu laufen, der Mann kommt näher und näher. Angst, Angst. Die brutalen, mörderischen Augen des Mannes verfolgen mich. Abgehetzt komme ich zu dem Haus eines Nachbarn. Im Keller verstecke ich mich. Ich höre, wie der Mann nach mir fragt. Ich gehe heraus, denkend, Angriff ist die beste Verteidigung. Es passiert nichts.

12:00 Uhr: Auf dem Rückweg – ich merke, wie der Betreffende sich wieder nähert – überlege ich krampfhaft, wie ich den Verfolger abschütteln könnte. Ich gehe vom Weg ab, bleibe stehen, dabei aber mit den Füßen auf derselben Stelle weitertretend, um für den anderen an der Situation nichts zu verändern, um ihn nicht aufmerksam zu machen. Gegen meine Erwartung sieht er aber alles, zieht daraus einen falschen, mir jedoch angenehmen Schluss. Er nimmt an, ich wolle ihm auflauern, und macht sich davon. Ich hinter ihm her. Der Schluss dieses Traumabschnittes ist nicht mehr ganz klar, eindeutig nur, dass mein Feind von irgendeiner Räuberbande gefangen wird.

Daran anschließend fuhr ich mit einem Leih-Schiff unter komischen Umständen nach Kuba. Zu diesem Traum gehören ein Spaziergang in Sitzstellung mit intellektueller Haltung, der Gedanke, für kleine Kinder müsste die Reling mit Draht zugespannt, Abortgruben unter dem Schiffsdeck unfallsicher abgesperrt und ein Medizinstudium auf Kuba möglich sein. Ein Schiff, eine Fahrt, ein Meer in selten komischer Ausführung.

8 – 7/6 + 3 (hier ein Zeichen im Tagebuch, ähnlich einer Astgabel) 5/8 Mond in Abseitsstellung dasselbe in 13:00 Uhr's Ausgabe

Möglicherweise ein Kartenhaus – oder darin verkörpert ein Heck für den Anfänger im Schwimmen. Schwimmen, ja, oh seltene Erhörung. Du bist mein Wesen der Kongruenz. Am Aschermittwoch oder der verkommenen Weihnacht – ein süßer Traum ohne Grenzen im Stachelzaun. Stachelzaun, das Wort, welches für die Fortführung garantiert und, im Achterkreis produzierend, das Nächstliegende gleichschaltet. Stachelzaun, noch ist er nicht ganz gelungen, was ist er außer Nichtigkeit, was außer dem Was. Ungehörig, sich so zu erbittern über Vergangenheitsträume, über – eben Nichtigkeiten.

Wo doch in runder Potenz die eckige provoziert wird. Bedenken zu der Synthese? – oh nein, sie wird notwendig, bringt Kampf, Elend Enttäuschung und – Wahrheit. Wahrheit, eine letzte, schöne: die, dass es eine Welt, sich selbst und Liebe gibt.

Auf dem schiefen Pfad, wie der Esel an der Oberleitung, gleitet ohne Verzug ein leises Flüstern, ganz sich selbst gehörendes Flüstern in Andacht zu seinem Gott, der Erbärmlichkeit und unerschöpflich variierenden Potenz. Wie oft dieses Wort Potenz! Zum Ersticken oft, doch es gehört zu uns.

Aufgliederung des Textes

Gut geschlafen, vor allen Dingen lange. Komische Träume gehabt:

Da steht ein Streckenarbeiter auf dem Damm. Ich rufe ihm zu, er solle arbeiten und sich seinen Lohn verdienen. Dann frage ich irgendetwas Bestimmtes. Er zeigt den Weg, indem er mit Steinen wirft. Meter für Meter klatschen gefährliche Steine auf. Ich muss aufpassen, dass ich nicht verletzt werde. Als die Steine mich nicht mehr erreichen, kommt der Arbeiter werfend herunter und folgt mir. Ich beginne zu laufen, der Mann kommt näher und näher. Angst, Angst. Die brutalen, mörderischen Augen des Mannes verfolgen mich. Abgehetzt komme ich zu dem Haus eines Nachbarn. Im Keller verstecke ich mich. Ich höre, wie der Mann nach mir fragt. Ich gehe hinaus, denkend, Angriff ist die beste Verteidigung. Es passiert nichts.

12:00 Uhr

Auf dem Rückweg, ich merke, wie der Betreffende sich wieder nähert, überlege ich krampfhaft, wie ich den Verfolger abschütteln könnte. Ich gehe vom Weg ab, bleibe stehen, dabei aber mit den Füßen auf der Stelle weiter tretend, um für den anderen an der Situation nichts zu ändern, um ihn nicht aufmerksam zu machen. Gegen meine Erwartung sieht er aber alles, zieht daraus einen falschen, mir jedoch angenehmen Schluss. Er nimmt an, ich wolle ihm auflauern, und macht sich davon. Ich hinter ihm her. Der Schluss dieses Traumabschnittes ist nicht mehr ganz klar, eindeutig nur, dass mein Feind von irgendeiner Räuberbande gefangen wird.

Daran anschließend fuhr ich mit einem Leih-Schiff unter komischen Umständen nach Kuba. Zu diesem Traum gehören ein Spaziergang in Sitzstellung mit intellektueller Haltung, der Gedanke, für kleine Kinder müsste die Reling mit Draht zugespannt, Abortgruben unter dem Schiffsdeck unfallsicher abgesperrt und ein Medizinstudium auf Kuba möglich sein. Ein Schiff, eine Fahrt, ein Meer in selten komischer Ausführung:

8 – 7/6 + 3 (hier ein Zeichen im Tagebuch, ähnlich einer Astgabel) 5/8 Mond, in Abseitsstellung. Dasselbe in 13:00 Uhr's Ausgabe.

Möglicherweise ein Kartenhaus – oder darin verkörpert ein Heck für den Anfänger im Schwimmen. Schwimmen ...

Ja!

Oh, seltene Erhörung, du bist mein Wesen der Kongruenz – am Aschermittwoch oder der verkommenen Weihnacht – ein süßer Traum ohne Grenzen im Stachelzaun. Stachelzaun, das Wort, welches für die Fortführung garantiert und, im Achterkreis produzierend, das Nächstliegende gleichschaltet. Stachelzaun, noch ist er nicht ganz gelungen, was ist er außer Nichtigkeit, was außer dem Was?

Ungehörig, sich so zu erbittern über Vergangenheitsträume, über …

… eben Nichtigkeiten! Wo doch in runder Potenz die eckige provoziert wird. Bedenken zu der Synthese?

Oh nein! Sie wird notwendig, bringt Kampf, Elend, Enttäuschung und – Wahrheit! Wahrheit, eine letzte, schöne: die, dass es eine Welt, sich selbst und Liebe gibt!

Auf den schiefen Pfad, wie der Esel an der Oberleitung, gleitet ohne Verzug ein leises Flüstern, ganz sich selbst gehörendes Flüstern in Andacht zu seinem Gott, der Erbärmlichkeit und unerschöpflich variierenden Potenz.

Wie oft dieses Wort Potenz?!

Zum Ersticken oft, doch es gehört zu uns.

Deutung

Gut geschlafen, vor allen Dingen lange. Komische
Träume gehabt:

> ➢ Letztere wohl mit einem Bezug zu mei-
> nem Tagebucheintrag vom Vortag.

Da steht ein Streckenarbeiter auf dem Damm.

> ➢ „Alle im Traum auftretenden Menschen
> können bestimmte Seiten der Persön-
> lichkeit des Träumenden verkörpern.
> Während Bekannte auf vertraute We-
> senszüge und Verhaltensweisen hinwei-
> sen, symbolisieren Fremde die unbe-
> kannten oder verdrängten Persönlich-
> keitsaspekte. Empfindet der Träumende
> Misstrauen, Ablehnung oder Feindschaft
> gegen die fremde Person, so passt diese
> nicht in das Persönlichkeitsbild, das er
> von sich selbst entworfen hat. Empfin-
> det er Sympathie oder Freundschaft für
> die fremde Person, so ist er bereit, die
> neu entdeckten Eigenschaften, Gefühle
> oder Verhaltensweisen voll zu akzeptie-
> ren." (Günter Harnisch). – Bezüglich
> „Damm" heißt es beim gleichen Autor:

„Dieses Traumbild symbolisiert be-
herrschte Gefühle, unterdrückte Wünsche und gestautes Triebleben. Damm-
brüche deuten auf aggressive Entladun-
gen hin."

Ich rufe ihm zu, er solle arbeiten und sich seinen
Lohn verdienen. Dann frage ich irgendetwas Bestimmtes. Er zeigt den Weg, indem er mit Steinen wirft.

> „Straßen oder Wege erscheinen im
> Traum als Symbole des Lebenswegs ..."
> (Günter Harnisch). — „Mit Steinen wer-
> fen" bedeutet nach dem Redensarten-
> Index „jemandem Vorwürfe machen".

Meter für Meter klatschen gefährliche Steine
auf. Ich muss aufpassen, dass ich nicht verletzt
werde. Als die Steine mich nicht mehr erreichen,
kommt der Arbeiter werfend herunter und folgt
mir. Ich beginne zu laufen, der Mann kommt
näher und näher. Angst, Angst. Die brutalen,
mörderischen Augen des Mannes verfolgen
mich.

> „Im Volksmund bezeichnet man die Au-
> gen als den Spiegel der Seele ..." (Gün-
> ter Harnisch)

Abgehetzt komme ich zu dem Haus eines Nachbarn. Im Keller verstecke ich mich.

> *„Das Haus stellt im Traum das Gehäuse der Seele dar. Entsprechend informieren die einzelnen Räume über die verschiedenen seelischen Funktionen: Der Keller weist auf das Unbewusste hin ...‟ (Günter Harnisch). – Bezüglich „Nachbar‟ bzw. der im Traum auftretenden Personen sie oben.*

Ich höre, wie der Mann nach mir fragt. Ich gehe hinaus, denkend, Angriff ist die beste Verteidigung. Es passiert nichts.

12:00 Uhr

Auf dem Rückweg, ich merke, wie der Betreffende sich wieder nähert, überlege ich krampfhaft, wie ich den Verfolger abschütteln könnte. Ich gehe vom Weg ab, bleibe stehen, dabei aber mit den Füßen auf der Stelle weiter tretend,

> *Mit Füßen treten‟ bedeutet nach „open. thesaurus.de‟ unter anderem „gering achten, gering schätzen geringschätzig behandeln‟.*

um für den anderen an der Situation nichts zu ändern, um ihn nicht aufmerksam zu machen. Gegen meine Erwartung sieht er aber alles, zieht daraus einen falschen, mir jedoch angenehmen Schluss. Er nimmt an, ich wolle ihm auflauern, und macht sich davon. Ich hinter ihm her. Der Schluss dieses Traumabschnittes ist nicht mehr ganz klar, eindeutig nur, dass mein Feind von irgendeiner Räuberbande gefangen wird.

Daran anschließend fuhr ich mit einem Leih-Schiff unter komischen Umständen nach Kuba. Zu diesem Traum gehören ein Spaziergang in Sitzstellung mit intellektueller Haltung, der Gedanke, für kleine Kinder müsste die Reling mit Draht zugespannt, Abortgruben unter dem Schiffsdeck unfallsicher abgesperrt und ein Medizinstudium auf Kuba möglich sein. Ein Schiff, eine Fahrt, ein Meer in selten komischer Ausführung:

> *„Ein Schiff im Traum symbolisiert das Lebensschiff. Die Fahrt mit dem Schiff über große Gewässer oder Flüsse deutet auf die Lebensreise hin."* (Günter Harnisch). — *„Das Meer ist ein archetypisches Symbol für den Ursprung des Lebendigen überhaupt, nicht des persönlichen Lebens eines Individuums. In seiner*

unabsehbaren Tiefe und Weite stellt es im Traum das Kollektive Unbewusste dar ..." (Günter Harnisch)

8 – 7/6 + 3 (hier ein Zeichen im Tagebuch, ähnlich einer Astgabel) 5/8 Mond, in Abseitsstellung.

> „Der Mond hat im Allgemeinen weibliche Symbolbedeutung. Er stellt seit alters her die kosmische Entsprechung der obersten weiblichen Gottheit dar. In vielen Sprachen ist er dem weiblichen Geschlecht zugeordnet (z.B. la lune im Französischen). Bekannt ist seine Beziehung zu Stimmungen und dem Monatszyklus der Frau." (Günter Harnisch)

Dasselbe in 13:00 Uhr's Ausgabe.

Möglicherweise ein Kartenhaus –

> Im Wörterbuch der deutschen Sprache von Bertelsmann (Wö. d. dt. Spr. v. Be.) hat „Kartenhaus" an erster Stelle die Bedeutung von „aus Spielkarten gebautes Haus".

oder darin verkörpert ein Heck für den Anfänger im Schwimmen.

308

> Nämlich zum Festhalten. – Im Wö. d. dt. Spr. v. Be. hat „Heck" an erster Stelle die Bedeutung von „hinteres Ende eines Fahrzeugs (beim Schiff, Flugzeug, Kraftfahrzeug)". – Zu „schwimmen" schreibt Günter Harnisch unter anderem: „Dieses Traumbild symbolisiert körperliche und seelische Entspanntheit, Ausgeglichenheit und ein positives Selbstwertgefühl ..."

Schwimmen ...

Ja!

Oh, seltene Erhörung,

> Zu beziehen auf das „Ja!". – Im Wö. d. dt. Spr. v. Be. hat „jemand erhören" an erster Stelle die Bedeutung von „jemandes Bitte erfüllen", zum Beispiel: „der Himmel hat ihr Flehen erhört".

du bist mein Wesen der Kongruenz –

> Im Wö. d. dt. Spr. v. Be. hat „Kongruenz" an erster Stelle die Bedeutung von „Übereinstimmung".

am Aschermittwoch

> ➤ Im Wö. d. dt. Spr. v. Be. finde ich be-
> züglich „Aschermittwoch" folgenden
> Eintrag: „Tag nach Fastnacht, (in der
> katholischen Kirche) Beginn der Fasten-
> zeit [an diesem Tag streut der Priester
> den Gläubigen Asche auf den Kopf oder
> zeichnet ihnen mit Asche ein Kreuz auf
> die Stirn]".

oder der verkommenen Weihnacht –

> ➤ Im Wö. d. dt. Spr. v. Be. hat „verkom-
> men" an zweiter Stelle die Bedeutung
> von „verwahrlosen, schmutzig und bau-
> fällig werden, nicht mehr gepflegt und
> instand gehalten werden".

ein süßer Traum ohne Grenzen im Stachelzaun.

> ➤ Mit „im Stachelzaun" meinte ich im
> Textzusammenhang wohl unsere uns
> umgebende Welt. – Im Wö. d. dt. Spr.
> v. Be. hat „Stachel" an vierter Stelle
> (im übertragenen Sinn) die Bedeutung
> von „etwas Quälendes". – Zu Zaun
> heißt es bei Günter Harnisch: „Dieses
> Traumbild kommt in zweifacher Bedeu-
> tung vor. Es veranschaulicht Geborgen-

heit und Schutz. Aber es kann auch im Sinne eines Hindernisses zu verstehen sein."

Stachelzaun, das Wort, welches für die Fortführung garantiert

> Im Wö. d. dt. Spr. v. Be. hat „etwas fortführen" an zweiter Stelle die Bedeutung von „weiterführen, weiterhin tun, fortsetzen". — „Für etwas garantieren" bedeutet nach dem gleichen Wörterbuch „für etwas bürgen".

und, im Achterkreis produzierend,

> Nämlich, im Textzusammenhang, im Kreis der Achterbahn. — Im Wö. d. dt. Spr. v. Be. wird „Achterbahn" definiert als „Berg-und-Tal-Bahn mit Doppelschleifen in Form von Achten". Im gleichen Wörterbuch hat „Achterbahnfahrt" an zweiter Stelle (im übertragenen Sinn) die Bedeutung von „Wechsel gegensätzlicher Bewegungen, Gefühle, Stimmungen in einem (kurzen) Zeitraum".

das Nächstliegende gleichschaltet.

> ➤ Im Wö. d. dt. Spr. v. Be. hat „gleich-
> schalten" an erster Stelle die Bedeutung
> von „auf die gleiche Stromart, auf das
> gleiche Zeitmaß schalten".

Stachelzaun, noch ist er nicht ganz gelungen, was
ist er außer Nichtigkeit, was außer dem Was?

> ➤ Im Wö. d. dt. Spr. v. Be. hat „Nichtig-
> keit" an erster Stelle die Bedeutung von
> „Unwichtigkeit" und an zweiter Stelle
> von „unwichtige, unbedeutende, be-
> langlose Sache".

**_Ungehörig, sich so zu erbittern über Vergan-
genheitsträume, über …_**

… eben Nichtigkeiten! Wo doch in runder Potenz
die eckige provoziert wird.

> ➤ Nach dem Wö. d. dt. Spr. v. Be. hat
> „rund" im übertragenen Sinn die Be-
> deutung von „schön, vollendet". – Im
> gleichen Wörterbuch hat „eckig" an
> zweiter Stelle die Bedeutung von „mit
> Ecken und Kanten versehen".

Bedenken zu der Synthese?

> ➤ Nämlich zu der von mir gerade durch-
> geführten „Synthese". – Im Wö. d. dt.

Spr. v. Be. hat „Synthese" an erster Stelle die Bedeutung von „Aufbau, Verbindung von Teilen zu einem Ganzen" und an zweiter Stelle von „Verbindung zweier gegensätzlicher Begriffe oder Aussagen (These und Antithese) zu einer höheren Einheit, die so gewonnene Einheit selbst".

Oh nein! Sie wird notwendig, bringt Kampf, Elend, Enttäuschung und – Wahrheit! Wahrheit, eine letzte, schöne: die, dass es eine Welt, sich selbst und Liebe gibt!

Auf den schiefen Pfad,

> ➤ „Auf die schiefe Bahn geraten" bedeutet nach dem Wö. d. dt. Spr. v. Be. (im übertragenen Sinn) „moralisch sinken". – „Straßen oder Wege erscheinen im Traum als Symbole des Lebenswegs ..." (Günter Harnisch)

wie der Esel an der Oberleitung,

> ➤ Im Wö. d. dt. Spr. v. Be. hat „Esel" an zweiter Stelle (im übertragenen Sinn und umgangssprachlich) die Bedeutung von „Dummkopf". – „Die Dummheit,

die dem Esel in unserer Umgangsspra-
che angedichtet wird, verkörpert er im
Traum nicht. Dort ist er häufig als
Symbol für sexuelle Kraft und Vitalität
zu verstehen – eine Bedeutung, die sich
aus der griechisch-römischen Mytholo-
gie herleiten lässt, wo der Esel ein Be-
gleiter des Dionysos ist, des Gottes der
unsterblichen Lebenskraft." (Günter
Harnisch). – Im Wö. d. dt. Spr. v. Be.
hat „Leitung" an erster Stelle die Bedeutung von „Führung, das Leiten".
Dementsprechend ist im Textzusammenhang mit „Oberleitung" eine Leitung bzw. Führung von „oben" gemeint.

gleitet ohne Verzug

> Nämlich nach der Angabe am Ende des
  vorstehenden Kommentars

ein leises Flüstern,

> Nämlich „Ich liebe dich"

ganz sich selbst gehörendes Flüstern in Andacht
zu seinem Gott, der Erbärmlichkeit und unerschöpflich variierenden Potenz.

Wie oft dieses Wort Potenz?!

Zum Ersticken oft, doch es gehört zu uns.

> Im Wö. d. dt. Spr. v. Be. hat „ersticken"
> an erster Stelle die Bedeutung von „aus
> Mangel an Sauerstoff, an Luft sterben".
> — „... Von jeher ist nun die Luft als das
> Medium des Geistes empfunden worden
> ..." (Ernst Aeppli)

20. Januar 1961   (Fortsetzung vom 18. Januar)

Ob oder weniger. Die nächste Ersteigung des überholten Motors ist zu zaghaft, um mit Erfolg in das cremefarbene Zuhause der Meister vorzudringen. Achtung heischend, an einem Tag der durchflutenden Welt, mit Händen voll Scheu und Wut, Ausgelassenheit, auf dem Gesicht quälende Selbstverzehrung, zerrüttet durch Aufgabe aller Vernunft, abseits von dem Geschehen der Kugel, Trotz und pulsierende Freude, Mensch. Weit strahlt das Licht und die Nacht ist potenzierte Finsternis in manchen Fällen. Und eine Beziehung ist wesentlich. Mit vier abgeschliffenen Ecken erfüllt sie das Soll schon lange nicht mehr. Weil der Sommer trocken war, steigen die Affen in besonderer Formation ans Land, das einsam und verödet daliegt, zur Erinnerung an die vergangene Blüte und zum Ansporn vieler Möglichkeiten. Während im kleinen Schuppen weit hinten im Äußersten des Gartens Regen den torfigen Boden aufweicht im steten Rhythmus, tragen weiter südlich unermüdlich rege Hände nasses Stroh in die Ställe der Echinodermen. Ob es eine Fläche ist, eine Kugel oder ein amorphes Etwas? Durchzogen, getränkt, verlacht, in den Himmel geflucht, Stunden in geflochtenem Unmut, am regen Hinterteil des Wirtschaftswunders.

Aufgliederung des Textes

Ob oder weniger, die nächste Ersteigung des überholten Motors ist zu zaghaft, um mit Erfolg in das cremefarbene Zuhause der Meister vorzudringen, Achtung heischend an einem Tag der durchflutenden Welt, mit Händen voll Scheu und Wut, Ausgelassenheit, auf dem Gesicht quälende Selbstverzehrung, zerrüttet durch Aufgabe aller Vernunft. Abseits von dem Geschehen der Kugel Trotz und pulsierende Freude.

Mensch, weit strahlt das Licht!

Und die Nacht ist potenzierte Finsternis in manchen Fällen. Und …

Eine Beziehung ist wesentlich!

Mit vier abgeschliffenen Ecken erfüllt sie das Soll schon lange nicht mehr. Weil der Sommer trocken war, steigen die Affen in besonderer Formation ans Land, das einsam und verödet daliegt.

Zur Erinnerung an die vergangene Blüte und zum Ansporn vieler Möglichkeiten!

Während im kleinen Schuppen weit hinten im Äußersten des Gartens Regen den torfigen Boden aufweicht im steten Rhythmus, tragen weiter südlich unermüdlich rege Hände nasses Stroh in die Ställe der Echinodermen.

Ob es eine Fläche ist, eine Kugel oder ein amorphes Etwas? – Durchzogen, getränkt, verlacht, in den Himmel geflucht – Stunden in geflochtenem Unmut, am regen Hinterteil des Wirtschaftswunders.

Deutung

> ➢ Tagebucheintrag inspiriert. Fortsetzung vom 18. Januar.

Ob oder weniger,

> ➢ Bezugnehmend auf das Ende meines letzten Tagebucheintrags, wo gefragt wurde: „Wie oft dieses Wort Potenz?!", und ich antwortete: „Zum Ersticken oft, doch es gehört zu uns."

die nächste Ersteigung des überholten Motors ist zu zaghaft,

> ➢ „Etwas ersteigen" bedeutet nach dem Wörterbuch der deutschen Sprache von Bertelsmann (Wö. d. dt. Spr. v. Be.) „auf etwas steigen". – Etwas überho-

318

len" bedeutet nach dem gleichen Wörterbuch unter anderem „auf Fehler, auf die Funktion hin prüfen". – Zu „Motor" schreibt Günter Harnisch unter anderem: „Dieses Traumbild weist auf Energie und Dynamik hin ..." – Nach dem Wö. d. dt. Spr. v. Be. hat „zaghaft" die Bedeutung von „zögernd, ängstlich, zurückhaltend".

um mit Erfolg in das cremefarbene Zuhause der Meister vorzudringen,

➢ Gemeint sind mit letzteren meine Gesprächspartner von hohen geistigen Ebenen. – Im Wö. d. dt. Spr. v. Be. hat „cremefarben" die Bedeutung von „blassgelb, beige". – „Das Gelb ähnelt der Farbe des Goldes. Es symbolisiert Reife, Ernte und geistige Aktivität." (Günter Harnisch). – Im Wö. d. dt. Spr. v. Be. hat „Meister" an dritter Stelle die Bedeutung von „jemand, der Hervorragendes leistet".

Achtung heischend an einem Tag der durchflutenden Welt,

> Im Wö. d. dt. Spr. v. Be. wird „Achtung" definiert als „Anerkennung des Wertes, Wissen um den Wert von etwas oder jemandem", zum Beispiel „Achtung vor jemandem haben". – Im gleichen Wörterbuch hat „Welt" an zweiter Stelle die Bedeutung von „Leben (auf der Erde), Ablauf des Geschehens (auf der Erde)".

mit Händen voll Scheu und Wut, Ausgelassenheit,

> „Die Hand ist das körperliche Instrument des menschlichen Handelns. Dementsprechend sind alle Träume zu deuten, in denen die Hand eine Rolle spielt ..." (Günter Harnisch)

auf dem Gesicht quälende Selbstverzehrung,

> „Der Ausdruck des Gesichts kann seelische Befindlichkeiten widerspiegeln ..." (Günter Harnisch)

zerrüttet durch Aufgabe aller Vernunft.

> Infolge meiner damaligen Wissenschaftsgläubigkeit dachte ich, dass unser gesamtes Denken, Reden und Handeln auf Reaktionsabläufen in unserem

Zentralnervensystem beruhe. — „Etwas aufgeben" hat nach dem Wö. d. dt. Spr. v. Be. unter anderem die Bedeutung von „nicht weiterführen, sein lassen", zum Beispiel „ein Unternehmen, einen Plan aufgeben; die Hoffnung aufgeben". — Im gleichen Wörterbuch wird „Vernunft" definiert als „Fähigkeit zur Erkenntnis und das Vermögen, sie anzuwenden". Und Synonyme für Vernunft sind nach dem Duden unter anderem „Denkfähigkeit, Erkenntnisvermögen, Geist, Geisteskraft, Intellekt, Klugheit, Überlegtheit, Umsicht, Verstand".

Abseits von dem Geschehen der Kugel

➢ Im Textzusammenhang zu verstehen im Sinne von: Abseits von dem Geschehen der Sonnenkugel. — Im Wö. d. dt. Spr. v. Be. hat „Geschehen" an erster Stelle die Bedeutung von „etwas, was geschieht, Ereignis, Vorfall". — „Seit alten Zeiten ist die Kugel ein Symbol für Vollständigkeit und Ganzheit. Ihre Traumbedeutung ist stets positiv. Die

Kugel und alle kugelförmigen Gebilde im Traum stellen eine psychische Dynamik dar, die sich auf ein gemeinsames Zentrum hin orientiert. So kann sich das Streben der Psyche nach einer Vereinigung von Gegensätzen im Leben und nach Herstellung des psychischen Gleichgewichtes in der Traumsprache ausdrücken." (Günter Harnisch)

Trotz und pulsierende Freude.

➤ Im Wö. d. dt. Spr. v. Be. wird „Trotz" definiert als „eigensinniges Beharren (auf einer Meinung, auf einem Vorhaben, auf einem Recht), Widersetzlichkeit".

Mensch, weit strahlt das Licht!

➤ Nämlich das Licht der Sonnenkugel, der Sonne. – „Die Sonne ist eines der positivsten Traumsymbole. Sie kennzeichnet im Traum stets produktive schöpferische Energie, die künstlerische Ideen oder Bewusstseinsprozesse in Gang bringt." (Günter Harnisch). – „Die positive (männliche) Kraft der Seele, Ener-

giesymbol des Lebens, des Schöpferischen, des Befruchtenden, denn in den
meisten Kulturen wird die Sonne als
männlich angesehen. Wo sie im Traum
aufgeht, da ist Erfolg in allen Lebensbereichen zu erwarten. Wo sie untergeht,
mündet eine Glücksphase ins Alltägliche.
Die leuchtende Kraft der Sonne erhellt
unser Bewusstsein und macht uns für
neue und gute Taten bereit ..." (Georg
Fink). – „... Das leuchtendste und größte Energiesymbol ist die Sonne. Wo sie
im Traum aufgeht, ist stärkste Wirkung, ist ein tätiger Morgen zu erwarten. Nur in den Wüstenträumen kann
die sengende Glut dem Wanderer den
Tod bringen. Sonst aber ist sie die Bringerin des Lebens, des Schöpferischen,
Befruchtenden. Sonnenuntergänge aber
sind im Traum meist von negativer Bedeutung, eine Bewusstseinsphase geht
zu Ende." (Ernst Aeppli). – „... Betrachten wir die Sonne (Orange) und
die Erde (Blau), so finden wir in ihnen

Urbild und Vorbild des Liebens. Das war auch der Inhalt der Sonnenreligion Alt-ägyptens und wird auch die Religion des Wassermannzeitalters, des Evangeliums der Sonne sein." (Heinrich Elijah Benedikt). – „Licht ist Symbol für Bewusstsein, Verstand, Erkenntnisvermögen, geistige und gefühlsmäßige Klarheit, Ausgeglichenheit und Lebenskraft, Hoffnung und Freude am Leben. Das Licht beseitigt Unwissenheit und Zweifel. Was im Licht liegt, kann man erkennen und begreifen. Man braucht es nicht zu fürchten. In diesem Sinne verkörpert das Licht als Traumsymbol den schöpferischen Geist, der Unwissenheit und Zweifel überwindet ..." (Günter Harnisch)

Und die Nacht ist potenzierte Finsternis in manchen Fällen.

➢ Im Wö. d. dt. Spr. v. Be. wird die Nacht definiert als „Zeit vom Anbruch der Abenddämmerung bis zum Beginn der Morgendämmerung". – „Was im Dunkel liegt, kann man nicht durchschauen und nicht begreifen. Damit sind Gedanken, Gefühle und Handlungen gemeint ...'' (Günter Harnisch). – Im Textzusammenhang ist „potenzierte'' in Verbindung zu bringen mit der männlichen Potenz.

Und ...

Eine Beziehung ist wesentlich!

Mit vier abgeschliffenen Ecken erfüllt sie das Soll schon lange nicht mehr.

➢ „Die Vier und das Viereck gelten als Ganzheitssymbole, die positive Bedeutung haben ...'' (Günter Harnisch)

Weil der Sommer trocken war,

➢ Zu „Sommer'' schreibt Günter Harnisch unter anderem: „Dieses Traumbild symbolisiert Energie und Tatkraft, Ausdauer und Erfolgsstreben. Zumindest besteht der Wunsch, hohe Leistungen zu erbringen ...'' – Synonyme für „trocken'' sind nach dem Duden unter anderem „abstinent, enthaltsam''.

steigen die Affen in besonderer Formation ans Land,

> Das heißt im Textzusammenhang, sie machen einen Landgang. – „Der Affe als Traumsymbol tritt sehr häufig auf. In seiner Menschenähnlichkeit deutet er auf die tierische Seite im Menschen hin ...“ (Günter Harnisch). – Im Wö. d. dt. Spr. v. Be. hat „Formation“ an zweiter Stelle die Bedeutung von „Gruppe mit bestimmter Zielsetzung, Eigenart“.

das einsam und verödet daliegt.

> „Der Blick auf eine Landschaft symbolisiert in der Sprache unserer Träume meist die Lebensperspektiven des Träumenden. Sie sind so beschaffen, wie sich ihm die Traumlandschaft präsentiert ...“ (Günter Harnisch)

Zur Erinnerung an die vergangene Blüte und zum Ansporn vieler Möglichkeiten!

Während im kleinen Schuppen weit hinten im Äußersten des Gartens

> Synonyme für Schuppen sind nach dem Duden unter anderem „Bretterbude,

Bretterhäuschen, Hütte, Bude". – „Das Haus stellt im Traum das Gehäuse der Seele dar. Entsprechend informieren die einzelnen Räume über die verschiedenen seelischen Funktionen …" (Günter Harnisch). – „Der Garten ist im Allgemeinen ein Symbol der partnerschaftlichen Beziehung. Er zeigt Wachstum, Fruchtbarkeit, Lebensfreude an und hat fast immer eine positive Bedeutung …" (Günter Harnisch)

Regen den torfigen Boden aufweicht im steten Rhythmus,

➢ „Der Regen ist ein Fruchtbarkeitssymbol. Er hat vorwiegend die Bedeutung einer geistigen Befruchtung im Sinne von neuen und schöpferischen Ideen. Manchmal ist dieses Symbol aber auch Ausdruck von Traurigkeit oder depressiver Stimmung." (Günter Harnisch). – Zu „Boden" bzw. Fußboden schreibt Günter Harnisch unter anderem: „Dieses Traumbild steht für den äußeren und inneren Halt, für den persönlichen

> Standpunkt. Wankt der Boden unter
> den Füßen, versinkt oder brennt er, so
> verliert man seinen Halt. Das Gleichge-
> wicht geht verloren. Grundlegende In-
> teressen und Überzeugungen sind ge-
> fährdet ..."

tragen weiter südlich unermüdlich rege Hände
nasses Stroh in die Ställe der Echinodermen.

> ➤ „... Die Bedeutung der Himmelsrichtun-
> gen kann nur aus vielen Träumen her-
> aus vermutet werden. In Mitteleuropa
> ist der Weg nach Süden meist der Weg
> nach einem Gefühlsland der Wärme,
> der Willenskraft ..." (Ernst Aeppli). –
> Echinodermen sind Stachelhäuter. –
> „Wie die Haut in der Wirklichkeit als
> Spiegel der Seele gilt, so deutet sie auch
> in der Traumsprache auf den nervlichen
> und seelischen Zustand des Träumen-
> den hin ..." (Günter Harnisch)

Ob es eine Fläche ist, eine Kugel oder ein amorphes Etwas? –

> ➤ Nämlich das, was ich hier geschrieben
> bzw. dargestellt habe. – In meinen in-

spirierten Tagebuchtexten symbolisiert die „Fläche" meist einen Lebensbereich bzw. unser irdisches Betätigungsfeld. – „Seit alten Zeiten ist die Kugel ein Symbol für Vollständigkeit und Ganzheit ..." (Günter Harnisch). – Nach dem Wö. d. dt. Spr. v. Be. hat „amorph" die Bedeutung von „formlos, gestaltlos".

Durchzogen,

> Durchzogen mit Kritik

getränkt,

> Wohl mit Getränken, die ich zu mir nahm

verlacht,

> Das heißt, nicht ernst genommen, was ich schrieb.

in den Himmel geflucht –

> Nämlich zum Teil das, was ich schrieb

Stunden in geflochtenem Unmut,

> Nämlich Stunden in einem in den Tagebuchtext eingeflochtenen Unmut. – Im Wö. d. dt. Spr. v. Be. hat „flechten" an erster Stelle die Bedeutung von „regelmäßig verschränken, verschlingen und dadurch verknüpfen". – Im glei-

chen Wörterbuch wird „Unmut." definiert als „starke gefühlsmäßige Unzufriedenheit, Ärger, Missfallen, Missbehagen", zum Beispiel „seinen Unmut an jemandem auslassen".

am regen Hinterteil des Wirtschaftswunders.

➢ Im Wö. d. dt. Spr. v. Be. hat „Hinterteil" an erster Stelle die Bedeutung von „hinteres, hinterer Teil" und an zweiter Stelle von „Gesäß". Im Textzusammenhang ist mit dem „regen Hinterteil" der hintere Teil des Wortes „Wirtschaftswunder" gemeint, also „Wunder". Im gleichen Wörterbuch hat „Wunder" an erster Stelle die Bedeutung von „außergewöhnliches Ereignis, das den Naturgesetzen und den gewöhnlichen Erwartungen (scheinbar) widerspricht", an zweiter Stelle von „etwas, das das gewöhnliche Maß weit überschreitet" und an dritter Stelle von „Tat, die etwas bewirkt, das den Naturgesetzen (scheinbar) widerspricht". Ebenfalls in diesem Wörterbuch hat „rege" an erster Stelle die Bedeutung von „betrieb-sam, lebhaft". Erst heute, am 15. Februar 2024, gelang es mir, diese wirklich schwierige Textstelle richtig zu interpretieren.

Heute 8 Stunden in Homberg einen Aufzug unter widrigen Umständen, es regnete und im Aufzugsschacht zog es furchtbar, verschaltet. Zumindest hinterher das Glück gehabt, dass alles gleich funktionierte. Dafür aber funktioniert jetzt mein Wohlbehagen, sofern man davon sprechen kann, nicht mehr besonders. Zwar scheint der Ischiasnerv in letzter Zeit auf dem Weg der Besserung zu sein, räumt jedoch schadenfroh seine Stelle als Quälgeist der Kreuzpartie. Die nämlich tut weher und weher, so weh manchmal, dass ich kaum stehen kann. Verständlich allein dadurch ist, dass das Leben oft zur Qual werden kann.

Gegen Abend untersuchte ich drei Schweinenieren, die 1,95 gekostet haben. Ungewässert, gebraten und angebrannt, schmeckten sie schließlich nicht besonders. Anschließend bis jetzt machte ich Anatomie. Morgen werde ich den ganzen Tag arbeiten müssen, um meine Schulden bezahlen zu können. In Homberg wurde ich noch wegen falschen Parkens angezeigt. Bin gespannt, ob es, wie mir die weißen Mäuse sagten, bei einer Einladung zum Verkehrsunterricht bleibt, oder ob wieder 20,- fällig sind. Das allerdings wäre höchst unfair.

Jetzt bin ich sozusagen oder viel mehr dem Einschlafen näher als der Lust, noch viel zu tun. Werde aber noch etwas am Text weitermachen. Die Ausführungen über die Kunst werden von Tag zu Tag hinausgeschoben, teils wegen Zeitmangel, teils wegen der Sturheit des Stoffes.

Erläuterungen

Heute 8 Stunden in Homberg einen Aufzug unter widrigen Umständen – es regnete und im Aufzugsschacht zog es furchtbar – verschaltet. Zumindest hinterher das Glück gehabt, dass alles gleich funktionierte. Dafür aber funktioniert jetzt mein Wohlbehagen, sofern man davon sprechen kann, nicht mehr besonders. Zwar scheint der Ischiasnerv in letzter Zeit auf dem Weg der Besserung zu sein, räumt jedoch schadenfroh seine Stelle als Quälgeist der Kreuzpartie. Die nämlich tut weher und weher, so weh manchmal, dass ich kaum stehen kann. Verständlich allein dadurch ist, dass das Leben oft zur Qual werden kann.

Gegen Abend untersuchte ich drei Schweinenieren, die 1,95 gekostet haben.

> *1,95 DM*

Ungewässert, gebraten und angebrannt schmeckten sie schließlich nicht besonders. Anschließend bis jetzt machte ich Anatomie. Morgen werde ich den ganzen Tag arbeiten müssen, um meine Schulden bezahlen zu können. In Homberg wurde ich noch wegen falschen Parkens angezeigt. Bin gespannt, ob es, wie mir die weißen Mäuse sagten, bei einer Einladung zum Verkehrsunterricht bleibt, oder ob wieder 20,– fällig sind.

➢ 20,– DM

Das allerdings wäre höchst unfair.

Jetzt bin ich sozusagen oder viel mehr dem Einschlafen näher als der Lust, noch viel zu tun. Werde aber noch etwas am Text weitermachen. Die Ausführungen über die Kunst werden von Tag zu Tag hinausgeschoben, teils wegen Zeitmangel, teils wegen der Sturheit des Stoffes.

22. Januar 1961, Sonntag

Heute, wie vorgehabt, von 8:00 Uhr bis 22:00 Uhr gearbeitet. Ziemlich erschöpft. Gebadet und etwas Anatomie gemacht, sonst nichts.

Letzte Nacht, das heißt bis sehr spät, versucht, ein Thermo-Mikroskopierverfahren zu entwickeln. In der Idee ziemlich weit entwickelt, doch die technische Ausführung noch sehr utopisch. Werde in der nächsten Zeit zunächst einmal beweisen, dass eine absolute Nulltemperatur Blödsinn ist, dass es sich nur um eine asymptotische Näherung handeln kann.

Der Gedanke jedoch an Thermo-Mikroskopierverfahren war so aufregend, dass er mich nicht einschlafen ließ. Im Prinzip ist dieses Verfahren die Umkehrung der konventionellen Methoden, die das Präparat mit Energien abtasten, was aber nur bis zu einer bestimmten Grenze möglich ist, weil Strukturen sich bei Zufuhr einer großen Energie verändern. Mein Gedanke ist, die Struktur des Präparates in ihrer Energieäußerung zugrunde zu legen, ähnlich angewandt beim Nachtglas und dem Fernrohr, das selbststrahlende Substanzen, Körper vergrößert. Das technische Problem ist, das Präparat im möglichst angenähert evakuierten Raum unbeeinflusst zu erhalten, Fremdenergien auszuschalten und die Energetik der betreffenden Substanz zu vergrößern und zu verstärken. Theoretisch müssten „kleinste" Energiestrukturen sichtbar werden.

Morgen fahre ich wieder nach Saarbrücken. Um 13:00 Uhr muss ich in Düsseldorf am Hauptbahnhof sein, um einen „Kollegen" abzuholen, der mit mir herfuhr. Auf der Hinfahrt wird es hoffentlich möglich sein, eine Abgabe vorzubereiten.
I. d. a. G.

Erläuterungen

Heute, wie vorgehabt, von 8:00 Uhr bis 22:00 Uhr gearbeitet. Ziemlich erschöpft. Gebadet und etwas Anatomie gemacht, sonst nichts.

Letzte Nacht, das heißt bis sehr spät, versucht, ein Thermo-Mikroskopierverfahren zu entwickeln. In der Idee ziemlich weit entwickelt, doch die technische Ausführung noch sehr utopisch. Werde in der nächsten Zeit zunächst einmal beweisen, dass eine absolute Nulltemperatur Blödsinn ist, dass es sich nur um eine asymptotische Näherung handeln kann.

> Die Nachvollziehbarkeit dieser Überle-
> gung und auch der nachfolgenden lasse
> ich dahingestellt.

Der Gedanke jedoch an Thermo-
Mikroskopierverfahren war so aufregend, dass er
mich nicht einschlafen ließ. Im Prinzip ist dieses
Verfahren die Umkehrung der konventionellen
Methoden, die das Präparat mit Energien abtasten, was aber nur bis zu einer bestimmten Grenze möglich ist, weil Strukturen sich bei Zufuhr
einer großen Energie verändern. Mein Gedanke
ist, die Struktur des Präparates in ihrer Energieäußerung zugrunde zu legen, ähnlich angewandt
beim Nachtglas und dem Fernrohr, das selbststrahlende Substanzen, Körper vergrößert. Das
technische Problem ist, das Präparat im möglichst angenähert evakuierten Raum unbeeinflusst zu erhalten, Fremdenergien auszuschalten
und die Energetik der betreffenden Substanz zu
vergrößern und zu verstärken. Theoretisch müssten „kleinste" Energiestrukturen sichtbar werden.

Morgen fahre ich wieder nach Saarbrücken. Um
13:00 Uhr muss ich in Düsseldorf am Hauptbahnhof sein, um einen „Kollegen" abzuholen,
der mit mir herfuhr. Auf der Hinfahrt wird es

hoffentlich möglich sein, eine Abgabe vorzubereiten.

➢ Gemeint ist eine Abgabe im Präparier-
kurs der Anatomie.

I. d. a. G.

➢ Soll wohl heißen: Ich denke an G.

24. Januar 1961, 13:30 Uhr (Homburg)

Ich sterbe bald den Verzweiflungstod. Kein Brief, keine Nachricht, nichts, nichts. Sehr entnervend die Sache, die Gewissheit?, der unmäßige Wunsch, bei der Rückkehr etwas von ihr zu finden und dann bloße Enttäuschung. Der Tisch ist immer leer, ich suche das Zimmer ab nach einem kleinen Zeichen, doch nichts hat sich verändert. Es ist furchtbar schlimm, dass Menschen das schönste Glück so zerreißen, so missachten können.

Die Fahrten sind anstrengend in der Isetta. Trotzdem ich heute nicht in der Vorlesung war, um mich auszuschlafen, fühle ich mich noch wie gerädert. Das Wetter ist auch nicht gerade ein Sommertagslächeln. Grau in Grau erinnert es mehr an einen langen Leichenzug, der zu dem kleinen, schwarz-grünen Tannenwäldchen hinziehen könnte, das draußen hinter den Gärten ist. An Menschen, die in dunklen Mänteln mit hochgeklappten Kragen und gesenkten Köpfen die Lage traurig und misslich finden, die vielleicht alt sind und sich selbst zu Grabe getragen fühlen. Sie alle sollten mehr schlafen.

In Saarbrücken gewesen, um Bücher zu bestellen. Esse im Augenblick Möhren. Die sind lustigerweise mehr nach links, man meint manchmal oder besser, glaubt es noch schöner, der Haken stünde im Wind. Das ist aber dann jeweils gelogen, um genau zu sein, an den Haaren herbeigezogen. Wie zu Beethovens Geschwistern, immer betont höflich. Wenn im März, ach was, im März, im April das Wetter umschlägt. Ting, tang, zum Schreck, wie ein Mann, der unglücklich wollte.

(Die folgende Seite entrissen für G. L.)

<u>Aufgliederung des Textes</u>

Ich sterbe bald den Verzweiflungstod. Kein Brief, keine Nachricht, nichts, nichts. Sehr entnervend die Sache, die Gewissheit?, der unmäßige Wunsch, bei der Rückkehr etwas von ihr zu finden – und dann bloße Enttäuschung. Der Tisch ist immer leer, ich suche das Zimmer ab nach einem kleinen Zeichen, doch nichts hat sich verändert. Es ist furchtbar schlimm, dass Menschen das schönste Glück so zerreißen, so missachten können.

Die Fahrten in der Isetta sind anstrengend. Trotzdem ich heute nicht in der Vorlesung war, um mich auszuschlafen, fühle ich mich noch wie gerädert. Das Wetter ist auch nicht gerade ein Sommertagslächeln. Grau in Grau erinnert es mehr an einen langen Leichenzug, der zu dem kleinen, schwarz-grünen Tannenwäldchen hinziehen könnte, das draußen hinter den Gärten liegt, an Menschen, die in dunklen Mänteln mit hochgeklappten Krägen und gesenkten Köpfen die Lage traurig und misslich finden, die vielleicht alt sind und sich selbst zu Grabe getragen fühlen.

Sie alle sollten mehr schlafen!

<u>19:30 Uhr</u>

In Saarbrücken gewesen, um Bücher zu bestellen.

Esse im Augenblick Möhren. Die sind lustigerweise mehr nach links. Man meint manchmal, oder besser, glaubt es, ...

Noch schöner!

... der Haken stünde im Wind. Das ist aber dann jeweils gelogen, um genau zu sein, an den Haaren herbeigezogen. Wie zu Beethovens Geschwistern: immer betont höflich! Wenn im März, ach was im März, im April das Wetter umschlägt …

Ting tang!

Zum Schreck. Wie ein Mann, der unglücklich wollte!

(Die folgende Tagebuchseite ist „entrissen für G.L.")

Deutung

Ich sterbe bald den Verzweiflungstod. Kein Brief, keine Nachricht, nichts, nichts. Sehr entnervend die Sache, die Gewissheit?, der unmäßige Wunsch, bei der Rückkehr etwas von ihr zu finden –

> *Nämlich von G.*

und dann bloße Enttäuschung. Der Tisch ist immer leer, ich suche das Zimmer ab nach einem kleinen Zeichen, doch nichts hat sich verändert. Es ist furchtbar schlimm, dass Menschen das schönste Glück so zerreißen, so missachten können.

Die Fahrten in der Isetta sind anstrengend. Trotzdem ich heute nicht in der Vorlesung war, um mich auszuschlafen, fühle ich mich noch wie gerädert. Das Wetter ist auch nicht gerade ein Sommertagslächeln. Grau in Grau erinnert es mehr an einen langen Leichenzug, der zu dem kleinen, schwarz-grünen Tannenwäldchen hinziehen könnte, das draußen hinter den Gärten liegt, an Menschen, die in dunklen Mänteln mit hochgeklappten Krägen und gesenkten Köpfen die Lage traurig und misslich finden, die vielleicht alt sind und sich selbst zu Grabe getragen fühlen.

Sie alle sollten mehr schlafen!

> ➢ *Möglicherweise inspiriert.*

19:30 Uhr

> ➢ *Tagebucheintrag überwiegend inspiriert.*

In Saarbrücken gewesen, um Bücher zu bestellen.

Esse im Augenblick Möhren.

> ➢ *Zu „Möhre" schreibt Günter Hanisch: „Sie gilt als Sinnbild männlicher Sexualität."*

Die sind lustigerweise mehr nach links.

343

> „Links ist in der Traumsymbolik die Seite des Herzens, des gesamten Gefühlsbereichs des Träumenden und des Unbewussten …" (Günter Harnisch)

Man meint manchmal,

> Nämlich beim Lesen dieses Tagebucheintrags

oder besser, glaubt es, …

Noch schöner!

… der Haken stünde im Wind.

> In Verbindung mit den im Text erwähnten Möhren ist wohl mit „Haken" der erigierte Penis gemeint, der ja bei einem sitzenden oder stehenden Mann Ähnlichkeit mit einem Haken hat. Dazu hat „Haken" im Wörterbuch der deutschen Sprache von Bertelsmann (Wö. d. dt. Spr. v. Be.) an vierter Stelle (im übertragenen Sinn) die Bedeutung von „verborgener Nachteil, etwas Schwieriges, das bei einer überwiegend nützlichen Sache zu bedenken ist", zum Beispiel: „die Sache hat einen Haken". „…

– Oft ist der Wind Hinweis auf starke geistige Energien ..." (Günter Harnisch). In meinen inspirierten Tagebuchtexten symbolisiert der Wind meist den Gedankenaustausch im Rahmen einer Inspiration bzw. des automatischen Schreibens.

Das ist aber dann jeweils gelogen, um genau zu sein, an den Haaren herbeigezogen.

➤ „Dem Haar wurde zu allen Zeiten bei allen Völkern eine große Bedeutung zugemessen. Das Haar wächst selbst nach dem Tode noch weiter. Es symbolisiert die Lebensvitalität, zu der auch die sexuelle Potenz gehört ..." (Günter Harnisch)

Wie zu Beethovens Geschwistern: immer betont höflich!

➤ Der Name Beethoven – Beethoven als ein Meister des Tones – wurde hier wohl gewählt wegen des Wortes „betont". Da wir als Kinder Gottes alle Geschwister sind, besteht auch eine geschwisterliche Beziehung zu Beethoven.

Wenn im März, ach was im März, im April das Wetter umschlägt …

> ➤ Das heißt, wenn die Testosteronproduktion wieder zunimmt …

Ting tang!

> ➤ Wohl zu verstehen als Anfang des Kreisspiels: „Ting, tang, Tellerlein! Wer sitzt in diesem Turm? Des Königs schönes Töchterlein, und das sprach so: ‚Brecht einen Stein, den zweiten Stein, den dritten Stein, damit ich kann befreiet sein […] Den vierten Stein, den fünften Stein …‘"

Zum Schreck.

> ➤ Zu meinem Schreck, nämlich der vorausgegangene kurze Kommentar. – „Jemanden schrecken" bedeutet nach dem Wö. d. dt. Spr. v. Be. „jemanden in Schrecken versetzen, jemandem einen Schrecken einjagen".

Wie ein Mann, der unglücklich wollte.

> ➤ Nämlich die Darstellung in „Ting tang". – Im Wö. d. dt. Spr. v. Be. hat „un-

glücklich'' an zweiter Stelle die Bedeutung von ,,ungünstig, widrig''.

(Die folgende Tagebuchseite ist „entrissen für
G.L.")

27. Januar 1961, 12:00 Uhr

So in der halben Wende, gegen den 27.1., brennt eine Zigarre am besten. Aber das Gedicht muss zum Schuster. Und wer ausgedient hat, ist des Lohnes nicht mehr würdig. So, wenn in scharfem Vorbeigleiten Gesichter ihr tiefstes Bedauern ausdrücken, halten Daumen vergeblich aufgesperrte Mäuler – und die Sonne scheint scherzend in den leeren Tag. Es ist die große Versammlung der Geehrten, im Zaun, unweit der Brücke, unter Wolken. Es ist auch ein Redner auf hohem Pult, das die Menschen übersieht. In Reihen mit Halbkreisformen hintereinander geballte Aufmerksamkeit – oder pfui. Schlanke Herzen pochen mit Ausdruck, viele schon lange und andere nicht mehr –. Gelb bleichen die Augen zentral – und wie im Film entwickeln sich dort Käfer aus Eiern, und Milch verlässt die Kuh. Wenn einer schreit, schreien sie alle, oder stöhnen ganz schön. Wenn es Nachmittag ist, ist auch die Sonne dem Untergang näher als um Mittag, wenn es noch lichter ist. Mit vielen Schlingen lichter, so in sich gefahren, dass der Ausgang sich selbst versperrt.

So in der halben Wende, gegen den 27. Januar, brennt eine Zigarre am besten. Aber das Gedicht muss zum Schuster. Und wer ausgedient hat, ist des Lohnes nicht mehr würdig.

So?!

Wenn in scharfem Vorbeigleiten Gesichter ihr tiefstes Bedauern ausdrücken, halten Daumen vergeblich aufgesperrte Mäuler. Und die Sonne scheint scherzend in den leeren Tag:

Es ist die große Versammlung des Geehrten!

Im Zaun,

Unweit der Brücke!

unter Wolken. Es ist auch ein Redner auf hohem Pult, das die Menschen übersieht. In Reihen mit Halbkreisform hintereinander geballte Aufmerksamkeit – oder ...

Pfui! Schlanke Herzen pochen mit Ausdruck!

Viele schon lange und andere nicht mehr. Gelb bleichen die Augen zentral – und wie im Film entwickeln sich dort Käfer aus Eiern, und Milch verlässt die Kuh. Wenn einer schreit, schreien sie alle, oder stöhnen ganz schön.

Wenn es Nachmittag ist, ist auch die Sonne dem Untergang näher als um Mittag, wenn es noch lichter ist!

Mit vielen Schlingen lichter, so in sich gefahren, dass der Ausgang sich selbst versperrt.

Deutung
  ➢ *Tagebucheintrag inspiriert.*

So in der halben Wende, gegen den 27. Januar, brennt eine Zigarre am besten.
  ➢ *Am 27. Januar 1961 war ich 24 Jahre alt. Wenn ich die Lebensmitte eines Mannes in ein Alter zwischen 40 und 50 Jahren lege, dann sind 24 Jahre in etwa die Hälfte davon. – Zu Zigarre schreibt Günter Harnisch unter anderem: „Oft ist dieses Symbol ein Bild für das männliche Glied ..."*
Aber das Gedicht muss zum Schuster.
  ➢ *In Verbindung mit „entrissen für G.L." am Ende meines letzten Tagebuchein-*

trags ist hier wohl ein Gedicht gemeint, das ich ins Tagebuch schrieb, aus dem Tagebuch herausriss und an G. schickte. – Zum Schuster wurden früher Schuhe gegeben, deren Sohlen abgelaufen waren.

Und wer ausgedient hat, ist des Lohnes nicht mehr würdig.

So?!

Wenn in scharfem Vorbeigleiten Gesichter ihr tiefstes Bedauern ausdrücken,

> ➢ Wohl zu verstehen Sinne von: Wenn am Grab Gesichter ihr tiefstes Bedauern ausdrücken. – Zu „Gesicht" schreibt Günter Harnisch: „Der Ausdruck des Gesichts kann seelische Befindlichkeiten widerspiegeln. Er kann aber auch als Maske zu verstehen sein. Dann weist er auf Täuschung oder Selbsttäuschung hin."

halten Daumen vergeblich aufgesperrte Mäuler. Und die Sonne scheint scherzend in den leeren Tag:

➤ „Die Sonne ist eines der positivsten Traumsymbole. Sie kennzeichnet im Traum stets produktive schöpferische Energie, die künstlerische Ideen oder Bewusstseinsprozesse in Gang bringt." (Günter Harnisch). – „Die positive (männliche) Kraft der Seele, Energiesymbol des Lebens, des Schöpferischen, des Befruchtenden, denn in den meisten Kulturen wird die Sonne als männlich angesehen. Wo sie im Traum aufgeht, da ist Erfolg in allen Lebensbereichen zu erwarten. Wo sie untergeht, mündet eine Glücksphase ins Alltägliche. Die leuchtende Kraft der Sonne erhellt unser Bewusstsein und macht uns für neue und gute Taten bereit ..." (Georg Fink). – „... Das leuchtendste und größte Energiesymbol ist die Sonne. Wo sie im Traum aufgeht, ist stärkste Wirkung, ist ein tätiger Morgen zu erwarten. Nur in den Wüstenträumen kann die sengende Glut dem Wanderer den Tod bringen. Sonst aber ist sie die Bringerin des Lebens, des Schöpferischen, Befruchtenden. Sonnenuntergänge aber sind im Traum meist von negativer Bedeutung, eine Bewusstseinsphase geht zu Ende." (Ernst Aeppli). – „… Betrachten wir die Sonne (Orange) und die Erde (Blau), so finden wir in ihnen Urbild und Vorbild des Liebens. Das war auch der Inhalt der Sonnenreligion Altägyptens und wird auch die Religion des Wassermannzeitalters, des Evangeliums der Sonne sein." (Heinrich Elijah Benedikt)

Es ist die große Versammlung des Geehrten!

Im Zaun.

➢ Innerhalb des Friedhofzaunes, das heißt, auf dem Friedhof.

Unweit der Brücke!

➢ „Die Brücke signalisiert im Traum eine Vereinigung. Sie informiert über die Möglichkeit einer Kommunikation oder

Wiederaufnahme von Beziehungen ...''
(Günter Harnisch)

Unter Wolken.

> ,,Dieses Traumbild gibt Hinweis auf die gegenwärtige Stimmungslage des Träumenden. Weiße Wolken an einem blauen Himmel deuten auf Heiterkeit und Optimismus. Dunkle Regenwolken symbolisieren eine pessimistische oder depressive Stimmung. Brauen sich Gewitterwolken zusammen, so stehen heftige Gefühlsausbrüche bevor.'' (Günter Harnisch)

Es ist auch ein Redner auf hohem Pult,

> Wohl ein Priester auf der Kanzel

das die Menschen übersieht. In Reihen mit Halbkreisform hintereinander geballte Aufmerksamkeit – oder ...

Pfui! Schlanke Herzen pochen mit Ausdruck!

> ,,Das Herz ist das Symbol für körperliche Lebensenergie, aber auch für Liebe, für Gefühlsfähigkeit. Nach der Symbolik des Mittelalters war das Herz das Bild der Sonne im Menschen. Auch dieses

Bild weist deutlich auf die Bedeutung dieses Organs für die Versorgung mit Lebensenergie hin ..." (Günter Harnisch)

Viele schon lange und andere nicht mehr. Gelb bleichen die Augen zentral –

> „Das Gelb ähnelt der Farbe des Goldes. Es symbolisiert Reife, Ernte und geistige Aktivität." (Günter Harnisch). – Synonyme für „bleichen" sind nach dem Duden unter anderem „blass/bleich werden, farblos/heller werden, verblassen". – „Im Volksmund bezeichnet man die Augen als den Spiegel der Seele. Das Auge hat im Traum die Symbolbedeutung eines Bewusstseinsorgans ..." (Günter Harnisch). – „zentral" dürfte ein Hinweis auf das Zentralnervensystem sein. Übersetzt: Ihre Reife erreicht, lassen ihre geistigen Fähigkeiten allmählich nach.

und wie im Film entwickeln sich dort Käfer aus Eiern,

> Im Textzusammenhang ist „wie im Film" sicherlich zu verstehen im Sinne

von „in der Vorstellung". – Im Wörterbuch der deutschen Sprache von Bertelsmann (Wö. d. dt. Spr. v. Be.) hat „Käfer" an zweiter Stelle (umgangssprachlich) die Bedeutung von „hübsches Mädchen", zum Beispiel „netter Käfer". – Im gleichen Wörterbuch hat „Ei" an sechster Stelle (derb) die Bedeutung von „Hoden".

und Milch verlässt die Kuh.

> „Milch im Traum deutet auf den nährenden und sorgenden Aspekt des Weiblichen hin. Im übertragenen Sinne bedeutet Milch, die jemand im Traum trink, eine Zufuhr von Wissen und Erkenntnis. Diese Bedeutung drückt sich beispielsweise in der alten Bezeichnung Alma Mater – das bedeutet im Lateinischen soviel wie nährende Mutter – für die Universität aus." (Günter Harnisch). – „Im Traum ist die Kuh meist ein Sinnbild umsorgender mütterlicher Weiblichkeit ..." (Günter Harnisch)

Wenn einer schreit, schreien sie alle, oder stöhnen ganz schön.

Wenn es Nachmittag ist, ist auch die Sonne dem Untergang näher als um Mittag, wenn es noch lichter ist!

> ➢ „Die Mittagsstunde ist ein Orientierungshinweis für die Traumsituation. Sie ist die Zeit, in der die Sonne ihren Höchststand erreicht. Damit kann gemeint sein, dass sich die Traumproblematik stark dem Bewusstsein nähert. Häufig symbolisiert der Mittag aber auch die Zeit der Lebensmitte." (Günter Harnisch)

Mit vielen Schlingen lichter,

> ➢ Nämlich das „Licht" in der Lebensmitte. – Im Wö. d. dt. Spr. v. Be. hat „Licht" an fünfter Stelle die Bedeutung von „geistige Fähigkeiten, Wissen".

so in sich gefahren, dass der Ausgang sich selbst versperrt.

28. Januar 1961, 0:15 Uhr

Wer hat sie aus dem Kreis gehoben
der erst gezogen sich kaum verbunden
in schwarzer Erde voll Tränen
und vermischter Farbe

Wie die Mühlsteine tragen
die Atome ihren Ernst
in die Welt der erwachenden Zweckmäßigkeit
wie die Bienen, die tagein,
tagaus die Blüten
absuchen für ihre Ordnung
Auf dem Weg aus dem Chaos
hat der Schmerz seinen Vater
gefunden und der Witz zeigt
verschmitzt sein Antlitz!

Niemand steht mit leeren
Händen vor dem Altar der Natur
denn selbst das vergossene
Blut nährt die Zukunft –
wie schwer zu glauben ist
diese Heiligkeit des Verbrechen –
und doch keimt
auf Hitlers Grab eine gute Saat.

Aufgliederung des Textes

Wer hat sie aus dem Kreis gehoben,
der, erst gezogen, sich kaum verbunden
in schwarzer Erde voll Tränen
und vermischter Farbe?

Wie die Mühlsteine tragen die Atome ihren Ernst
in die Welt der erwachenden Zweckmäßigkeit,
wie die Bienen, die tagein, tagaus
die Blüten absuchen für ihre Ordnung.

Auf dem Weg aus dem Chaos
hat der Schmerz seinen Vater
gefunden, und der Witz zeigt
verschmitzt sein Antlitz.

Niemand steht mit leeren
Händen vor dem Altar der Natur,
denn selbst das vergossene
Blut nährt die Zukunft.

Wie schwer zu glauben ist
diese Heiligkeit des Verbrechens,
und doch keimt
auf Hitlers Grab eine gute Saat.

Deutung

➢ _Tagebucheintrag inspiriert.

Wer hat sie aus dem Kreis gehoben,

➢ Gemeint sind wohl die inspirierten Darstellungen und Kommentare in meinem Tagebucheintrag vom Vortag. — „Der Kreis ist, wie auch der Ring, ein Ganzheitssymbol. Ihm wurde in alter Zeit in den Märchen und Mythen die Kraft eines Schutz- und Abwehrzaubers zugeschrieben. Alles, was sich im Traum in dem Kreis abspielt, hat besondere Bedeutung. Allgemein signalisiert der Kreis im Traum eine Konzentration psychischer Energie." (Günter Harnisch)

der, erst gezogen, sich kaum verbunden
in schwarzer Erde voll Tränen

➢ Im Tagebucheintrag vom Vortag ging es zu Beginn um eine Beerdigung auf dem Friedhof. — „Im Schoß der Erde liegt die Saat. Sie reift zu neuem Leben heran. Dementsprechend weist Erde als Traumsymbol meist auf Körperlichkeit, Fruchtbarkeit, Mütterlichkeit und Nähren hin. Wer tief in die Erde eindringt, gelangt in Bereiche der Vergangenheit, der Geschichte und des Todes. Wer aus der Erde aufsteigt, erwacht zu neuem Leben. Mit diesem Traumbild kann auch die Geschichte der eigenen Persönlichkeit gemeint sein. Wer sich zu tief in die Erde eingräbt, lebt nur noch seinen Erinnerungen. Er entfernt sich von der Wirklichkeit. Wer sich aus der Erde befreit, wird lebenstüchtig. Er erlebt eine körperliche oder geistige Wiedergeburt und gewinnt neue Lebensperspektiven ...“ (Günter Harnisch). – „Schwarz ist im Traum das Signal für einen seelischen Stillstand, auch für Trauer und Tod ...“ (Günter Harnisch)

und vermischter Farbe?

➢ „Die moderne Kommunikation benutzt Farben oft als Signalzeichen. Ähnliches geschieht in der Traumsprache. Hebt der Träumende Farben in seinem Traum besonders hervor, so ist das ein Zeichen, dass sein Traumbewusstsein

mittels der Farben eine Botschaft ausdrücken will." (Günter Harnisch). —
„Einer Sache Farbe geben" bedeutet
nach dem Lexikon der sprichwörtlichen
Redensarten „sie beleben und interessant gestalten".

Wie die Mühlsteine tragen die Atome ihren Ernst
in die Welt der erwachenden Zweckmäßigkeit,
wie die Bienen, die tagein, tagaus
die Blüten absuchen für ihre Ordnung.

Auf dem Weg aus dem Chaos
hat der Schmerz seinen Vater
gefunden, und der Witz zeigt
verschmitzt sein Antlitz.

Niemand steht mit leeren
Händen vor dem Altar der Natur,
denn selbst das vergossene
Blut nährt die Zukunft.

Wie schwer zu glauben ist
diese Heiligkeit des Verbrechens,
und doch keimt
auf Hitlers Grab eine gute Saat.

28. Januar 1961, 0:30 Uhr

Wie gut der Entschluss, vital zu sein. Er bringt schon nach kurzer Zeit der Mäßigung frohe Stimmung und nüchterne Logik aus witziger Perspektive. Ich bin zwar noch unzufrieden, weil ich im Augenblick sehr wenig leiste und die meiste Zeit verschlafe, doch glaube ich, schon nach kurzer Zeit wieder mit ausgeruhten Kräften und daraus resultierender Lust die Pflicht zu bewältigen.

Im Augenblick arbeite ich an der Seinsstruktur, die etwas schwierig ist, weil man so viele neue Gedanken haben muss. Sechs DIN A4-Seiten habe ich geschrieben und bin bis zur Komplexität, angenommenen Komplexität, der Körper und ihren intercorporalen Relationen gekommen. In den nächsten Tagen werde ich weitermachen.

Was tut nur mein kleines G. jetzt? Ich habe ihr vorgestern einen lieben, d.h. zum Teil hässlichen Brief geschrieben, der sehr umfangreich war. Ja, das ist immer wieder die Frage, was tut das G. und was werde ich tun, ohne ihr wehe zu tun. Jedenfalls, mein Leben werde ich nicht für eine Liebe opfern, dazu ist es zu wichtig. Aber traurig, furchtbar traurig ist das Ganze auch.

Heute war ich, über allem liegt Scham, besonders definiert. Aber noch keine Meisterei, denn, oh weh, wenn die Gesetze am Abend noch fehlen, wie zart ihre Haut und weiß und ihre Augen so still, wird es dunkel, und aus dem, was zunächst nach Trug roch, zuckte es erbärmlich zum selbstvergebenen Spott. Spöttereien und Meistereien, wer macht ein Wiegenlied für den Nachtwind, der so erfahren ums Haus schleicht – dazwischen – nein – ist der Zutritt verboten. Gracilis heißt er und wurde früher mit Butter weichgemacht. Ting, tang, tong, wenn Kühe muhen, ist der Abend immer noch da, so zur Vereinbarung, er gehört praktisch ja mit zur Verleumdung. Doch wen nährt das?! Hält man Butter und Speck in Ehren, dann braucht man für den Nachwuchs allenfalls nicht zu sorgen, aber unerhörterweise, oben abgeschnittene Tomaten platzen von Wissen, ganz außerordentlich natürlich, denn Goethes Faust traf auch da. Ja, diese vergoehtete Faust schwingt wie ein Hammer ins rohe Eisen oder pendelt altertümlich zum Tick – oder pendelt auch mal zum Tack – wen stört's, wen nährt's? Wie schön, wie belustigend, alles dreht Spuren für die Übersetzung. Custos, custodis – überall schmort die Beziehung, denn nicht so ohne weiteres lebten die „alten Anatomen" des

Voss im Herrlinger. Ob Virgines oder Virginum, niemand dreht am Aschermittwoch 777 Mal den linken Pollux um einen alten Globus. Neuweiler und Dudweiler, dazwischen die Trümmer des Zweiten Weltkrieges, die Trümmer von Bunkern, die Menschen und Panzern Schutz ihrer Aktions- oder Potenzbreite boten. Nahe dabei der „bren- nende Berg", ein aus Spalten dampfendes Fels- massiv, das sich 1770 Goethes Anwesenheit er- freute. Eine große Tafel dokumentiert das – eins, zwei, drei – gespenstisch sieht das Pferd ja aus, mit den großen Buchstaben eines kleinen Ge- hirns – wie schwer wohl wiegt das Geschehene in seiner Version zum Anti. Ob – oder wohl – auch Förster lieben und Denkmalsvereine und monu- mentale Erinnerungswissenschaft. Verkürzt das Wort um einige Zentimeter, wenn ihr wollt, für wirkliche Heringe müsst ihr in jedem Fall in der Nordsee baden, weils Recht so ist und nur manchmal die Würmer ihren Humus mit leben- den Nasen vertauschen.

Aufgliederung des Textes

Wie gut der Entschluss, vital zu sein. Er bringt schon nach kurzer Zeit der Mäßigung frohe Stimmung und nüchterne Logik aus witziger Per- spektive. Ich bin zwar noch unzufrieden, weil ich im Augenblick sehr wenig leiste und die meiste Zeit verschlafe, doch glaube ich, schon nach kurzer Zeit wieder mit ausgeruhten Kräften und daraus resultierender Lust die Pflicht zu bewältigen.

Im Augenblick arbeite ich an der Seinsstruktur, die etwas schwierig ist, weil man so viele neue Gedanken haben muss. Sechs DIN A4-Seiten habe ich geschrieben und bin bis zur Komplexität, der angenommenen Komplexität der Körper und ihrer interkorporalen Relationen gekommen. In den nächsten Tagen werde ich weitermachen.

–

Was tut nur mein kleines G. jetzt? Ich habe ihr vorgestern einen lieben, d. h. zum Teil hässlichen Brief geschrieben, der sehr umfangreich war.

Ja!

Das ist immer wieder die Frage, was tut das G. und was werde ich tun, ohne ihr wehe zu tun. Jedenfalls, mein Leben werde ich nicht für eine Liebe opfern, dazu ist es zu wichtig. Aber traurig, furchtbar traurig ist das Ganze auch.

Heute war ich – über allem liegt Scham – besonders definiert. Aber noch keine Meisterei! Denn ...

Oh weh!

... wenn die Gesetze am Abend noch fehlen – wie zart ihre Haut und weiß und ihre Augen so still! – wird es dunkel, und aus dem, was zunächst nach Trug roch, zuckte es erbärmlich zum selbstvergebenen Spott!

Spöttereien und Meistereien, wer macht ein Wiegenlied für den Nachtwind, der so erfahren ums Haus schleicht? – Dazwischen...

Nein!

... ist der Zutritt verboten. Gracilis heißt er und wurde früher mit Butter weichgemacht.

Ting Tang Tong!

Wenn Kühe muhen, ist der Abend immer noch da.

So zur Vereinbarung!

Er gehört praktisch ja mit zur Verleumdung. Doch wen nährt das?! Hält man Butter und Speck in Ehren, dann braucht man für den Nachwuchs allenfalls nicht zu sorgen. Aber unerhörterweise oben abgeschnittene Tomaten platzen vor Wissen, ganz außerordentlich natürlich, denn Goethes Faust traf auch da.

Ja!

Diese vergoehtete Faust schwingt wie ein Hammer ins rohe Eisen oder pendelt altertümlich zum Tick – oder pendelt auch mal zum Tack.

Wen stört's, wen nährt's?

Wie schön, wie belustigend. Alles dreht.

Spuren für die Übersetzung!

Custos, custodis – überall schmort die Beziehung, denn nicht so ohne Weiteres lebten die „alten Anatomen" des Voss im Herrlinger. Ob Virgines oder Virginum, niemand dreht am Aschermittwoch 777 Mal den linken Pollux um einen alten Globus.

Neuweiler und Dudweiler, dazwischen die Trümmer des Zweiten Weltkrieges, die Trümmer von Bunkern, die Menschen und Panzern Schutz ihrer Aktions- oder Potenzbreite boten.

Nahe dabei der „brennende Berg", ein aus Spalten dampfendes Felsmassiv, das sich 1770 Goethes Anwesenheit erfreute. Eine große Tafel dokumentiert das.

Eins, zwei, drei!

Gespenstisch sieht das Pferd ja aus, mit dem großen Buchstaben eines kleinen Gehirns. Wie schwer wohl wiegt das Geschehene in seiner Version zum Anti? Ob – oder wohl – auch Förster lieben und Denkmalsvereine und monumentale Erinnerungswissenschaft. Verkürzt das Wort um einige Zentimeter, wenn ihr wollt. Für wirkliche Heringe müsst ihr in jedem Fall in der Nordsee baden, weil's Recht so ist und nur manchmal die Würmer ihren Humus mit lebenden Nasen vertauschen.

Deutung

Wie gut der Entschluss, vital zu sein. Er bringt schon nach kurzer Zeit der Mäßigung frohe Stimmung und nüchterne Logik aus witziger Perspektive. Ich bin zwar noch unzufrieden, weil ich im Augenblick sehr wenig leiste und die meiste

Zeit verschlafe, doch glaube ich, schon nach kurzer Zeit wieder mit ausgeruhten Kräften und daraus resultierender Lust die Pflicht zu bewältigen.

Im Augenblick arbeite ich an der Seinsstruktur,
die etwas schwierig ist, weil man so viele neue
Gedanken haben muss. Sechs DIN A4-Seiten habe ich geschrieben und bin bis zur Komplexität,
der angenommenen Komplexität der Körper und
ihrer interkorporalen Relationen gekommen. In
den nächsten Tagen werde ich weitermachen.

—

Was tut nur mein kleines G. jetzt? Ich habe ihr
vorgestern einen lieben, d. h. zum Teil hässlichen
Brief geschrieben, der sehr umfangreich war.

Ja!

Das ist immer wieder die Frage, was tut das G.
und was werde ich tun, ohne ihr wehe zu tun.
Jedenfalls, mein Leben werde ich nicht für eine
Liebe opfern, dazu ist es zu wichtig. Aber traurig,
furchtbar traurig ist das Ganze auch.

➢ Tagebucheintrag inspiriert

Heute war ich – über allem liegt Scham – besonders definiert. Aber noch keine Meisterei!

➢ Bei ENZYKLO.DE wird „Meisterei" unter anderem definiert als „selbständig betriebenes Handwerk".

Denn ...

Oh weh!

... wenn die Gesetze am Abend noch fehlen –

➢ Synonyme für „Gesetz" sind nach dem Duden unter anderem „Bestimmung, Gebot, Weisung, Grundsatz, Prinzip, Ordnung, Regel, Richtlinie".

wie zart ihre Haut und weiß und ihre Augen so still! – wird es dunkel,

➢ „Was im Dunkel liegt, kann man nicht durchschauen und nicht begreifen. Damit sind Gedanken, Gefühle und Handlungen gemeint. Als Traumbild weist die Dunkelheit meist auf Verständnislosigkeit, Unwissenheit, das Unbewusste,

Angst, Alter und Tod hin ..." (Günter Harnisch)

und aus dem, was zunächst nach Trug roch,

> Im Wö. d. dt. Spr. v. Be. wird „Trug" definiert als „Täuschung, Betrug".

zuckte es erbärmlich zum selbstvergebenen Spott!

> Synonyme für „vergeben" sind nach dem Duden unter anderem „ausgeben, austeilen, verteilen".

Spöttereien und Meistereien, wer macht ein Wiegenlied für den Nachtwind,

> Bezüglich der Bedeutung von „Wiegenlied" wird im Wö. d. dt. Spr. v. Be. auf Schlaflied verwiesen, und Schlaflied wird im gleichen Wörterbuch definiert als „Lied, mit dem man ein Kind in den Schlaf singt". – „Die Nacht stellt im Traum den gesamten Bereich des Unbewussten dar, der im Dunkeln liegt." (Günter Harnisch). – „... Oft ist der Wind Hinweis auf starke geistige Energien ..." (Günter Harnisch)

der so erfahren ums Haus schleicht? –

- ➤ „Das Haus stellt im Traum das Gehäuse der Seele dar …'' (Günter Harnisch)

Dazwischen …

- ➤ Zwischen den Oberschenkeln der Frau

Nein!

… ist der Zutritt verboten.

- ➤ Nämlich außerhalb der Ehe

Gracilis heißt er

- ➤ Gemeint ist der Musculus gracilis, ein Muskel, der zu den Adduktoren des Oberschenkels gehört. Die Adduktoren führen die Oberschenkel zusammen.

und wurde früher mit Butter weichgemacht.

- ➤ „Als Traumsymbol weist Butter meist auf die weibliche Sexualität hin. Die genauere Bedeutung ergibt sich meist aus dem Traumzusammenhang.'' (Günter Harnisch)

Ting Tang Tong!

- ➤ Bei Wikipedia finde ich dazu folgendes japanischen Sprichwort: 「fei li wu shi, fei li wu ting, fei li wu yan, fei li wu dong.⌋ „Was nicht dem Gesetz der Schönheit [= angemessenes Verhalten] entspricht, darauf *schaue* nicht; was nicht dem Gesetz der Schönheit entspricht, darauf *höre* nicht; was nicht dem Gesetz der Schönheit entspricht, davon *rede* nicht; was nicht dem Gesetz der Schönheit entspricht, das *tue* nicht."

Wenn Kühe muhen,

> ➤ „Im Traum ist die Kuh meist ein Sinnbild umsorgender mütterlicher Weiblichkeit ..." (Günter Harnisch)

ist der Abend immer noch da.

So zur Vereinbarung!

> ➤ Im Wörterbuch der deutschen Sprache von Bertelsmann (Wö. d. dt. Spr. v. Be.) hat „Vereinbarung" an zweiter Stelle die Bedeutung von „Abmachung, gemeinsamer Beschluss".

Er gehört praktisch ja mit zur Verleumdung.

> Denn: „Und zum Mann sprach er: Weil du gehorcht hast der Stimme deiner Frau und gegessen von dem Baum, von dem ich dir gebot und sprach: Du sollst nicht davon essen –, **verflucht** sei der Acker um deinetwillen! Mit Mühsal sollst du dich von ihm nähren dein Leben lang. Dornen und Disteln soll er dir tragen, und du sollst das Kraut auf dem Felde essen. Im Schweiße deines Angesichts sollst du dein Brot essen, bis du wieder zu Erde wirst, davon du genommen bist. Denn **Staub** bist du und zum Staub kehrst du zurück.“ (1. Mose 3:17–19). – Im Wö. d. dt. Spr. v. Be. hat „praktisch“ an erster Stelle die Bedeutung von „in der Praxis, in Wirklichkeit, tatsächlich“.

Doch wen nährt das?! Hält man Butter und Speck in Ehren,

> „Als Traumsymbol weist Butter meist auf die weibliche Sexualität hin. Die genauere Bedeutung ergibt sich meist aus dem Traumzusammenhang.“ (Günter

Harnisch). – „Fleisch (von _ahd._ _fleisc_) bezeichnet im Allgemeinen Weichteile von Mensch und Tieren. Im Besonderen steht der Begriff für Teile von Säugetieren und Vögeln, die zur Ernährung des Menschen genutzt werden. Dazu zählen neben Muskelgewebe mit Fett- und Bindegewebe auch Sehnen sowie bestimmte innere Organe ...“ (Wikipedia). – Und zu Fleisch heißt es bei Günter Harnisch unter anderem: „Dieses Symbol bezieht sich fast immer auf körperliche, meist sexuelle Energien und Bedürfnisse. Rohes Fleisch veranschaulicht Körperkraft, Potenz und Leidenschaft oder den Wunsch nach diesen Eigenschaften. Ist das Fleisch zubereitet, so drückt sich darin verfeinerte Genussfähigkeit aus ...“

dann braucht man für den Nachwuchs allenfalls nicht zu sorgen. Aber unerhörterweise, oben abgeschnittene Tomaten platzen vor Wissen,

> ➤ Zu „Tomate“ heißt es im Traumlexikon von Günter Harnisch: „Die leuchtend

rote Farbe dieser Frucht weist auf Leidenschaft, Liebe und Fruchtbarkeit
hin.‟

ganz außerordentlich natürlich,

> Im Wö. d. dt. Spr. v. Be. hat „außeror-
> dentlich‟ an zweiter Stelle die Bedeu-
> tung von „außerhalb der gewohnten
> Ordnung, des üblichen Ablaufs‟.

denn Goethes Faust traf auch da.

> Wohl zu verstehen im Sinne von: „denn
> Goethes „Faust‟ traf auch da zu‟ –
> oder: „… war auch da zutreffend.‟

Ja!

Diese vergoethete Faust

> Bezugnehmend auf Goethes „Faust, ers-
> ter Teil‟. – „Als Traumbild symbolisiert
> die Faust Überheblichkeit, Aggressivität,
> geballte Energie, gestaute Kraft, die
> nach Entladung sucht.‟ (Günter Har-
> nisch)

schwingt wie ein Hammer ins rohe Eisen

> Im Wö. d. dt. Spr. v. Be. wird Hammer
> an erster Stelle definiert als „Werkzeug

mit Kopf aus Stahl und Holzstiel (unter anderem zum Schlagen, Stoßen, Treiben)". – Zu „Hammer" bzw. Axt schreibt Günter Harnisch unter anderem: „Wie alle Waffen symbolisiert die Axt Energie und Machtstreben, vor allem aber Durchsetzungswillen und aggressive Triebkraft ...‟

oder pendelt altertümlich zum Tick –

> Ein Synonym für Tick ist nach dem Duden unter anderem „Angewohnheit".

oder pendelt auch mal zum Tack.

> In Verbindung mit „pendelt" und dem nachfolgenden „Alles dreht" hat „Tack" hier sicherlich, auf die Position bezogen, die Bedeutung von „Gegenseite" bzw. „unten" (nämlich beim Geschlechtsverkehr).

Wen stört's, wen nährt's?

Wie schön, wie belustigend. Alles dreht.

> Denn oben im Text fragte ich: „Doch wen nährt das?!" – Im Wö. d. dt. Spr. v. Be. hat „drehen" an vierter Stelle die

Bedeutung von „in eine andere Richtung bringen" und an neunter Stelle (im übertragenen Sinn und umgangssprachlich) von „beeinflussen, lenken", zum Beispiel: „das hast du ja sehr geschickt gedreht".

Spuren für die Übersetzung!

➢ Nämlich, im Textzusammenhang, „Alles dreht". – Synonyme für „Spur" sind nach dem Duden unter anderem „Anhaltspunkt, Andeutung, Ansatz". – Nach dem Wö. d. dt. Spr. v. Be. hat „übersetzen" unter anderem die Bedeutung von „etwas in einer dem anderen verständlichen Sprache ausdrücken", zum Beispiel: „kannst du mir übersetzen, was der Mann eben gesagt hat?"

Custos, custodis –

➢ In Verbindung mit „Alles dreht" als „Spur für die Übersetzung" wohl zu verstehen im Sinne von „Der Wächter des Wächters", denn „Custos" ist das lateinische Wort für Wächter, und „cus-

todis" sein Genitiv. Hier ist sicherlich eine Verbindung herzustellen zum oben
angeführten Musculus gracilis, der auf
Latein auch Musculus custos virginum
genannt wird, auf Deutsch: der Wächter, der Behüter der Jungfrauen.

überall schmort die Beziehung,

> Im Wö. d. dt. Spr. v. Be. hat „schmo-
ren" (ohne Objekt) an zweiter Stelle
(Elektrizität) die Bedeutung von „infolge
mangelhaften Kontakts Hitze entwickeln und anfangen zu schwelen".

denn nicht so ohne Weiteres lebten die „alten
Anatomen" des Voss im Herrlinger.

> Zu verstehen im Sinne von: denn nicht
so ohne Weiteres lebten die „alten Anatomen" des Voss im Voss/Herrlinger.
(Voss/Herrlinger war und ist ein Ta-
schenbuch der Anatomie.) – Zur Sprache kommt hier wohl das Verhalten von
Voss in der NS-Zeit. Wikipedia schreibt
dazu: „In der NS-Zeit baute Hermann
Voss als Dekan an der Reichsuniversität
Posen eine Medizinische Fakultät auf,

die rückhaltlos Vernichtungsmaßnahmen gegen <u>Juden</u> und <u>Polen</u> unterstützte und in der <u>Menschenversuche</u> an der Tagesordnung waren. [...] Voss und seine Mitarbeiter, unter ihnen <u>Robert Herrlinger</u>, profitierten von einer engen Zusammenarbeit mit der <u>Gestapo</u>. Sie fertigten <u>Präparate</u> unmittelbar nach der Tötung polnischer Häftlinge an. Nach <u>Ernst Klee</u> betrieb Voss ‚einen schwunghaften Handel mit Skeletten und ‚Judenschädeln'."

Ob Virgines oder Virginum,

➢ Hier liegt wohl ein Wortspiel vor. Virgines ist das lateinische Wort für Jungfrauen, Virginum ist sein Genitiv. Die einfache Übersetzung der beiden Worte ergibt im Text keinen Sinn. Wenn man allerdings, insbesondere unter Berücksichtigung der obigen Textstellen „Alles dreht." und „Spuren für die Übersetzung!", aus Virginum ein „Virgines um" - oder „Virgines herum" macht, kann diese Textstelle übersetzt werden mit „Ob Jungfrauen oder nicht mehr Jungfrauen"

niemand dreht am Aschermittwoch 777 Mal den linken Pollux um einen alten Globus.

➢ Zunächst nahm ich an, dass mir mit „Pollux" ein Rechtschreibfehler unterlaufen war, denn nach den vielen lateinischen Namen im Text, nach der Erwähnung der Anatomen und auch nach der Darstellung „niemand dreht" in Verbindung mit Pollux wäre Pollex, die lateinische Bezeichnung für Daumen, zu erwarten gewesen. Letzterer aber lässt sich vom Sinn her nicht in den Text eingliedern. Beim weiteren Recherchieren bezüglich Pollux fand ich im Internet bei Wikipedia unter anderem folgende Angaben: „Astrophysikalisch gehört Pollux zu den <u>Roten Riesen</u>. Mit etwa 34 <u>Lichtjahren</u> Entfernung ist er der unserem Sonnensystem am nächsten gelegene Vertreter dieser Sternklasse. Pollux hat etwa den achtfachen Radius der Sonne, seine Masse beträgt etwa 1,86 Sonnenmassen. Er hat die 32-fache Sonnenleuchtkraft bei einer Oberflächentemperatur von 4500 Kelvin. Pollux ist der siebzehnthellste Stern am Nachthimmel. Seine rötliche Farbe kontrastiert auffällig zu seinem fast gleich hellen Nachbarstern Castor (α Geminorum)." – Der Stern Pollux ist also ein roter Riese. Da es diesen Pollux nur einmal gibt, ist „linker" nicht als Seitenbezeichnung, sondern, von „link" abgeleitet, als Charaktereigenschaft zu verstehen. Nach dem Wö. d. dt. Spr. v. Be. hat „link" die Bedeutung von „hinterhältig, unfair", zum Beispiel „ein linker Vogel, Kerl". Nach diesen Ausführungen übersetze ich „linken Pollux" mit „unfairen, hinterhältigen roten Riesen", womit wohl Voss gemeint sein dürfte, denn bei Wikipedia lese ich: „Hermann Voss wurde 1959 von der Regierung der DDR mit dem Ehrentitel Hervorragender Wissenschaftler des

Volkes geehrt." — „Aschermittwoch" ist das Ende der Narrenzeit. — Die Textstelle „777 Mal" bringe ich am ehesten in Verbindung mit den drei „7" in Mt. 18,21-22: „Da trat Petrus zu ihm und fragte: Herr, wie oft muss ich denn meinem Bruder, der an mir sündigt, vergeben? Genügt es siebenmal? Jesus sprach zu ihm: Ich sage dir: nicht siebenmal, sondern siebzigmal siebenmal." Im übertragenen Sinne ist damit „ständig" oder „immer" gemeint.

Neuweiler und Dudweiler, dazwischen die Trümmer des Zweiten Weltkrieges, die Trümmer von Bunkern, die Menschen und Panzern Schutz ihrer Aktions- oder Potenzbreite boten.
Nahe dabei der „brennende Berg", ein aus Spalten dampfendes Felsmassiv, das sich 1770 Goethes Anwesenheit erfreute. Eine große Tafel dokumentiert das.

Eins, zwei, drei!

➤ „Die Eins als Zahl deutet in der Traumsprache auf eine ursprüngliche, ungeteilte Einheit hin. Sie symbolisiert oft das Einfache, Feste, die Ausgangssituation. Manchmal ist aber auch die ranghöchste Stellung mit diesem Traumbild gemeint." (Günter Harnisch). – „Die Eins ist die erste Zahl der Manifestation Gottes. Mit ihr tritt Er aus Seiner Verborgenheit hervor, und mit ihr beginnt die Schöpfung. Mit und aus der Eins gebiert sich die Welt …" (Heinrich Elijah Benedikt in „Die Kabbala"). – „In der Traumbedeutung der Zahlensymbolik deutet die Zwei auf Gegensätzlichkeit und Widersprüchlichkeit, aber auch auf Ausgleich und Auflösung der Gegensätze hin." (Günter Harnisch). – „Ist die Eins die Zahl des allumfassenden, unteilbaren Bewusstseins Gottes, der Wahrheit und des Lebens, so ist die Zwei Ausdruck der Erscheinungsform der sich *in* Seinem Bewusstsein als Gedanke fortsetzenden Welt. Indem sich dieser Gedanke verdichtet und differenziert und daraus die vielen tausend

Dinge entstehen, ist er immer noch eins mit Gott, erscheint aber als getrennte, eigenständige Existenz. Selbst Träger von Bewusstsein, erscheinen all die Gedanken, Dinge und Individuen – indem sie konkrete Formen annehmen – als selbstständige, unabhängige und getrennte Seinsformen ..." (Heinrich Elijah Benedikt in ‚Die Kabbala'). – „Seit dem Altertum gilt die Drei als magische Zahl. In Indien sind Brahma, Vishnu und Shiva eine göttliche Dreiheit. Auch altägyptische und die christlichen Religionen gehen von der Dreifaltigkeit Gottes aus. [...] Sie ist Symbol des Geistes und der schöpferischen Dynamik." (Günter Harnisch). – „Drei ist die Zahl des Geistes ..." (Heinrich Elijah Benedikt in „Die Kabbala")

Gespenstisch sieht das Pferd ja aus, mit dem großen Buchstaben eines kleinen Gehirns.

➢ „Die Beziehung zwischen dem Pferd und seinem Herrn dürfte in früheren Zeiten die persönlichste gewesen sein, die zwischen Tier und Mensch überhaupt denkbar ist. In den antiken Mythen, Sagen und Märchen verkörpert das Pferd biologische Lebenskraft. Der Hengst mit seiner Kraft und Schnelligkeit gilt als Symbol männlicher Vitalität und Potenz. Die Stute gilt als Muttersymbol ..." (Günter Harnisch). – Im Wö. d. dt. Spr. v. Be. hat "Buchstabe" an zweiter Stelle (im übertragenen Sinn, in bestimmten Wendungen) die Bedeutung von "Wortlaut".

Wie schwer wohl wiegt das Geschehene in seiner Version zum Anti?

➢ Im Wö. d. dt. Spr. v. Be. wird "Version" definiert als "Fassung, Lesart, Darstellung". – Bezüglich "Anti" heißt es bei "Wortbedeutung.info/Wörterbuch" an zweiter Stelle: "In Zusammensetzungen drückt es Negation aus: etwas ist nicht durch das gekennzeichnet, was das zugrundeliegende Wort beschreibt, sondern es ist das Gegenteil".

Ob – oder wohl – auch Förster lieben und Denkmalsvereine und monumentale Erinnerungswissenschaft. Verkürzt das Wort um einige Zentimeter, wenn ihr wollt.

> ➤ *An die Leser gerichtet.*

Für wirkliche Heringe müsst ihr in jedem Fall in der Nordsee baden,

> ➤ *„In der analytischen Psychologie von C. G. Jung gilt der Fisch als Symbol der ganzen Persönlichkeit des Träumenden ..." (Günter Harnisch). – „Das Meer ist ein archetypisches Symbol für den Ursprung des Lebendigen überhaupt, nicht des persönlichen Lebens eines Individuums. In seiner unabsehbaren Tiefe und Weite stellt es im Traum das Kollektive Unbewusste dar ..." (Günter Harnisch). – Nach dem Wö. d. dt. Spr. v. Be. bezeichnet man mit „Hering" unter anderem einen „Pflock, der in den Boden gerammt wird und an dem die Zeltschnüre befestigt werden".*

weil's Recht so ist und nur manchmal die Würmer ihren Humus mit lebenden Nasen vertauschen.

> ➤ *Nach dem Wö. d. dt. Spr. v. Be. bedeutet „jemandem die Würmer aus der*

Nase ziehen" im übertragenen Sinne und umgangssprachlich: „etwas von jemandem durch beharrliches Fragen erfahren".

29. Januar 1961, 22:10 Uhr, Sonntag

Was es nun ist, kann ich nicht sagen. Das Wetter, der Wein, das Rauchen, die Trauer? Ist ja so schwer. Diese Kopfschmerzen. Jedenfalls hat ein ganz bestimmtes Wetter wie heute auslösende Wirkung. Gestern regnete es fortlaufend, heute ein bisschen. Es ist kalt, der Himmel von jagenden Wolken verdunkelt, so was wie Weltuntergangsstimmung. Ich besaufe mich dauernd,

> ➤ *Nach meiner Erinnerung ist das über-*
> *trieben.*

um schlafen zu können, und wundere mich dabei noch, dass ich dauernd so müde bin, das heißt, die Sauferei ist eigentlich nicht gewollt, aber leider eigentlich auch nicht nicht-gewollt. Ich habe immer vor, sehr viel zu tun, sehr viel zu schreiben. Das macht durstig, und ich trinke in Ermangelung anderer Getränke Glas für Glas den Rotweinvorrat weg. Wie das nun also mit dem Wollen und Nichtwollen ist, ist schwer zu entscheiden. Aber das ist klar, ich bin sehr traurig, lustlos, träge. So sehr interessiert es mich nicht, ob oder wie ich besoffen oder nüchtern bin. Bald ist das Semester zu Ende, das schwerste, schwerer als das zweite mit der Prüfung. Und alles ist dieser verdammte und geliebte Typ von L. schuld, die geliebte L. schuld.

Heute Mittag spazieren gegangen zum höchsten Punkt von Homburg, wo es sehr windete. Spazieren gegangen ohne Isetta. Die hat sich dafür gerächt, denn als ich heute Abend mit ihr zur Mensa fahren wollte, streikte das verfluchte Biest. Meine Wirtin meinte, sie hätte die Manieren eines Mädchens. Sie meint das so: Ein Mädchen, das am Sonntagnachmittag von ihrem Lebensgefährten alleingelassen würde, wäre bös. Dazu meinte ich witzigerweise, man müsse sie immer mitnehmen, um sie auch am Abend zu haben. Aber darin dokumentierte sich wieder einmal meine psychologische Unkenntnis. Jedenfalls werde ich sie strafen oder verkaufen. Mucken mag ich nicht. Doch etwas Liebe zu ihr lässt sich nicht leugnen, denn sie rettete mir sehr oft das Leben.

Der Karlsberg ist schon sehr hoch. Oben liegt das Karlsberghotel, darüber an höchster Stelle ein wundervoller Felsenpark, massive Felsblöcke von roter Farbe und bizarrer Schichtung: oben platt, seitlich mit gleichen Linien abfallend, steil, überhängend, da schräg ausrundend, Durchgänge bildend und Straßen wie die monumentaler Gräber. Entwurzelte Bäume neben kahlen, durch Schlingpflanzen grün, aber abgestorben. Weit liegt das Land unten, die Dörfer, eingeschlossen von fernen Bergzügen. Und irgendwo zwischen

diesen Bergen das schmale, graue Band der Straße, die mich bald zurückbringen wird.

Vor mir liegt Schopenhauer. Er sieht aus wie ein
verschmitzter Teufel – verschmitzt sein linkes
Auge und teuflisch sein rechtes. Ich kann das
nicht ertragen, darum wende ich ihn. Bei diesem
Tun stelle ich gewissermaßen fest, dass er Arthur
heißt und 1788 in Danzig als Sohn eines Kapitalisten geboren wurde.

Erläuterungen

Was es nun ist, kann ich nicht sagen. Das Wetter,
der Wein, das Rauchen, die Trauer? Ist ja so
schwer. Diese Kopfschmerzen. Jedenfalls hat ein
ganz bestimmtes Wetter wie heute auslösende
Wirkung. Gestern regnete es fortlaufend, heute
ein bisschen. Es ist kalt, der Himmel von jagenden Wolken verdunkelt, so was wie Weltuntergangsstimmung. Ich besaufe mich dauernd,

> ➢ *Nach meiner Erinnerung ist das über-*
> *trieben.*

um schlafen zu können, und wundere mich dabei
noch, dass ich dauernd so müde bin, das heißt,
die Sauferei ist eigentlich nicht gewollt, aber lei-

der eigentlich auch nicht nicht-gewollt. Ich habe immer vor, sehr viel zu tun, sehr viel zu schreiben. Das macht durstig, und ich trinke in Ermangelung anderer Getränke Glas für Glas den Rotweinvorrat weg. Wie das nun also mit dem Wollen und Nichtwollen ist, ist schwer zu entscheiden. Aber das ist klar, ich bin sehr traurig, lustlos, träge. So sehr interessiert es mich nicht, ob oder wie ich besoffen oder nüchtern bin. Bald ist das Semester zu Ende, das schwerste, schwerer als das zweite mit der Prüfung. Und alles ist dieser verdammte und geliebte Typ von L. schuld, die geliebte L. schuld.

> *„L." steht für den Familiennamen meiner damaligen Freundin.*

Heute Mittag spazieren gegangen zum höchsten Punkt von Homburg, wo es sehr windete. Spazieren gegangen ohne Isetta. Die hat sich dafür gerächt, denn als ich heute Abend mit ihr zur Mensa fahren wollte, streikte das verfluchte Biest. Meine Wirtin meinte, sie hätte die Manieren eines Mädchens. Sie meint das so: Ein Mädchen, das am Sonntagnachmittag von ihrem Lebensgefährten alleingelassen würde, wäre bös. Dazu meinte ich witzigerweise, man müsse sie immer mitnehmen, um sie auch am Abend zu haben. Aber darin dokumentierte sich wieder einmal meine psychologische Unkenntnis. Jedenfalls werde ich sie strafen oder verkaufen. Mucken mag ich nicht. Doch etwas Liebe zu ihr lässt sich nicht leugnen, denn sie rettete mir sehr oft das Leben.

Der Karlsberg ist schon sehr hoch. Oben liegt das Karlsberghotel, darüber an höchster Stelle ein wundervoller Felsenpark, massive Felsblöcke von roter Farbe und bizarrer Schichtung: oben platt, seitlich mit gleichen Linien abfallend, steil, überhängend, da schräg ausrundend, Durchgänge bildend und Straßen wie die monumentaler Gräber. Entwurzelte Bäume neben kahlen, durch Schlingpflanzen grün, aber abgestorben. Weit liegt das Land unten, die Dörfer, eingeschlossen von fernen Bergzügen. Und irgendwo zwischen diesen Bergen das schmale, graue Band der Straße, die mich bald zurückbringen wird.

Vor mir liegt Schopenhauer. Er sieht aus wie ein verschmitzter Teufel – verschmitzt sein linkes Auge und teuflisch sein rechtes. Ich kann das nicht ertragen, darum wende ich ihn. Bei diesem Tun stelle ich gewissermaßen fest, dass er Arthur heißt und 1788 in Danzig als Sohn eines Kapitalisten geboren wurde.

30. Januar 1961, Montag

Niemals werde ich sagen, dass ich zufrieden bin –
doch im Augenblick geht es mir gut.

Was mich heute einigermaßen erstaunte, war
die Tatsache bzw. das Fehlen von einem nennenswerten flüssigen Bedürfnis nach dem Trinken von 2 Liter Milch – zwei Liter! Ich habe viel
geschlafen, wenig gearbeitet, weil ich kaum Lust
hatte. Das Wetter ist denkbar schlecht. Regen
und Sturm im Wetteifer. Darüber eine erstickende Decke aus jagenden Wolken. Ich habe dann
regelmäßig Kopfschmerzen, die ich aber heute
Mittag durch zweistündigen Schlaf bis jetzt fast
ganz vertrieben habe. Eben komme ich aus dem
Kino. Der Film „Die Hölle in der Stadt" ist, finde
ich, sehr ordentlich. Ein Frauen-Zuchthaus, in
dem durch die Schicksale verschiedener Insassinnen eine ordinäre Gewohnheitsverbrecherin,
eine abgefeimte, auf allen Meeren gesegelte
Schönheit, wieder Bezug zum „Leben" findet. Das
Schlussbild zeigt, wie sie in Einzelhaft kommt,
nachdem sie in einer Aufwallung ihrer Gefühle
rebellisch geworden war und sich mit den anderen Frauen prügelte.

Der Gedanke an G. macht mich so ruhig und zuversichtlich. Ich habe dem Mädchen so viel Böses
angetan. Kann sie es so verzeihen, dass ich es

verstehe. Meine Absichten waren nie schlecht, doch so doof und weltfern, dass ich manchmal darüber lache wie über einen schlechten Witz.

Morgen werde ich meine fünfte Abgabe machen, muss aber dafür noch etwas tun. Allein ist das alles so langweilig. Ungefähr dreißig Muskeln, die auf Hüft- und Kniegelenk einwirken! – mit Ursprüngen und Ansätzen!! – und dazu noch bedeutend viel anderes!!!

Erläuterungen

Niemals werde ich sagen, dass ich zufrieden bin – doch im Augenblick geht es mir gut.

Was mich heute einigermaßen erstaunte, war die Tatsache bzw. das Fehlen von einem nennenswerten flüssigen Bedürfnis nach dem Trinken von 2 Liter Milch – zwei Liter!

> *Gemeint ist das Bedürfnis, Wasser zu lassen.*

Ich habe viel geschlafen und wenig gearbeitet, weil ich kaum Lust hatte. Das Wetter ist denkbar schlecht. Regen und Sturm im Wetteifer. Darüber eine erstickende Decke aus jagenden Wolken. Ich habe dann regelmäßig Kopfschmerzen, die ich aber heute Mittag durch einen zweistündigen Schlaf bis jetzt fast ganz vertrieben habe.

Eben komme ich aus dem Kino. Der Film „Die Hölle in der Stadt" ist, finde ich, sehr ordentlich. Ein Frauen-Zuchthaus, in dem durch die Schicksale verschiedener Insassinnen eine ordinäre Gewohnheitsverbrecherin, eine abgefeimte, auf allen Meeren gesegelte Schönheit, wieder Bezug zum „Leben" findet. Das Schlussbild zeigt, wie sie in Einzelhaft kommt, nachdem sie in einer Aufwallung ihrer Gefühle rebellisch geworden war und sich mit den anderen Frauen prügelte.

Der Gedanke an G. macht mich so ruhig und zuversichtlich. Ich habe dem Mädchen so viel Böses angetan. Kann sie es so verzeihen, dass ich es verstehe? Meine Absichten waren nie schlecht, doch so doof und weltfern, dass ich manchmal darüber lache wie über einen schlechten Witz.

Morgen werde ich meine fünfte Abgabe machen, muss aber dafür noch etwas tun. Allein ist das alles so langweilig. Ungefähr dreißig Muskeln, die auf Hüft- und Kniegelenk einwirken! – mit Ursprüngen und Ansätzen!! – und dazu noch bedeutend viel anderes!!!

31. Januar 1961

Sehr viel munterer gewesen. Aber jetzt stinkt es hier. Die Hühner sind im Stall. Das ist, wenn man nicht aufpasst und zu viele andere Dinge im Kopf hat. Der Erfolg meiner neuen Richtung ist nicht zu verkennen. Die Ofenpfeife glüht nämlich und schmilzt den Lack des Schutzbleches. Alles in Ordnung, die fünfte Abgabe ist gemacht. Jetzt noch vier. Ob das Geld frühzeitig ankommt? Die letzten 10 DM sind, das heißt waren, denn jetzt sind's nur noch sieben. Essen und Trinken und Sprit bis Donnerstagabend – ich wage gar nicht zu rechnen. Und die Ofenpfeife da an der Wand und ihren Einfluss werde ich in mein letztes Gebet einschließen.

Aufgliederung des Textes

Sehr viel munterer gewesen. Aber jetzt stinkt es hier. Die Hühner sind im Stall.

Das ist, wenn man nicht aufpasst und zu viele andere Dinge im Kopf hat!

Der Erfolg meiner neuen Richtung ist nicht zu verkennen. Die Ofenpfeife glüht nämlich und schmilzt den Lack des Schutzbleches. – Alles in Ordnung.

Die fünfte Abgabe ist gemacht, jetzt noch vier. Ob das Geld frühzeitig ankommt? Die letzten 10 DM sind, das heißt waren, denn jetzt sind's nur noch sieben, für Essen und Trinken und Sprit bis Donnerstagabend – ich wage gar nicht zu rechnen.
Und die Ofenpfeife da an der Wand und ihren Einfluss werde ich in mein letztes Gebet einschließen.

Deutung

Sehr viel munterer gewesen. Aber jetzt stinkt es hier. Die Hühner sind im Stall.

> *Gemeint sind die Hühner der Vermieterin, das heißt, von den Hühnern konnte der Gestank nicht herkommen.*

Das ist, wenn man nicht aufpasst und zu viele andere Dinge im Kopf hat!

> *Entweder eine eigene Feststellung oder ein inspirierter Kommentar.*

Der Erfolg meiner neuen Richtung ist nicht zu verkennen.

> ➢ *Wohl mit einem Bezug zur vorausgegangenen Feststellung. – Synonyme für Richtung sind nach dem Duden unter anderem ,,Kurs, Weg, Entwicklung, [Entwicklungs]tendenz".*

Die Ofenpfeife glüht nämlich und schmilzt den Lack des Schutzbleches. – Alles in Ordnung.

> ➢ *Letzteres wohl als Feststellung nach meiner Besichtigung des Ofens.*

Die fünfte Abgabe ist gemacht, jetzt noch vier.

> ➢ *Gemeint sind die Abgaben im Präparierkurs der Anatomie.*

Ob das Geld frühzeitig ankommt?

> ➢ *Nämlich Geld von Zuhause*

Die letzten 10 DM sind, das heißt waren, denn jetzt sind's nur noch sieben, für Essen und Trinken und Sprit bis Donnerstagabend – ich wage gar nicht zu rechnen.

Und die Ofenpfeife da an der Wand und ihren Einfluss werde ich in mein letztes Gebet einschließen.

Quellenverzeichnis

Ernst Aeppli: Der Traum und seine Deutung. Eugen Rentsch Verlag, Zürich 1943

Heinrich Elijah Benedikt: Die Kabbala. Verlag Hermann Bauer, Freiburg im Breisgau 2001

Bertelsmann: Wörterbuch der deutschen Sprache. Wissen Media Verlag GmbH (vormals Bertelsmann Lexikon Verlag GmbH), Gütersloh/München 2004

Dr. Friedrich W. Doucet: Das große Buch der Traumdeutung. Verlag Kremayr u. Scheriau, Wien 1978

Duden: Das Synonymwörterbuch. Dudenverlag, Mannheim/Zürich 2010

Duden: Die deutsche Rechtschreibung. Dudenverlag, Berlin/Mannheim/Zürich 2013

Georg Fink: Traumdeutung. Falken Verlag GmbH, Niedernhausen/Ts 1996

Günter Harnisch: Das große Traumlexikon. Herder Verlag, Freiburg im Breisgau 1989/1996

Pschyrembel: Klinisches Wörterbuch, 258. Aufl.

Redensarten-Index: Lexikon für Redewendungen, Redensarten, deutsche Sprichwörter

Lutz Röhrich: Lexikon der sprichwörtlichen Redensarten. Verlag Herder, Freiburg im Breisgau 2003

Thesaurus: Synonyme

Der Traumdeuter.ch (Internet)

Wahrig: Fremdwörterlexikon. Wissen Media Verlag GmbH, Gütersloh/München 2007
Wikipedia, die freie Enzyklopädie
Woxikon: Online Synonym-Wörterbuch